Wandern mit Caspar David Friedrich

Sächsische Schweiz, Tharandt & Kriebstein

Frank Richter

Herausgegeben von den
Staatlichen Kunstsammlungen Dresden
Sandstein

Inhalt

Vorwort

Das Leben und künstlerische Schaffen des romantischen Malers Caspar David Friedrich sind eng mit Dresden und der Landschaft in der Umgebung der Stadt verbunden. Auf ausgedehnten Wanderungen fand der Künstler seine Motive und hielt sie in Zeichnungen fest. Insbesondere die Sächsische Schweiz mit ihren einzigartigen Felsmassiven zog ihn an. Die Sehnsucht jene Orte wiederzufinden, an denen der Künstler gestanden und gezeichnet hat, ist getrieben von der Vorstellung, es würde sich dort Landschaft ganz unmittelbar wie bei ihm erleben lassen.

Seit über zwanzig Jahren erforscht Frank Richter die Wanderwege Caspar David Friedrichs. Dabei hat er zahlreiche Motive seiner Zeichnungen verorten können, bei denen der Standpunkt des Künstlers lange nicht bekannt war. Er konnte durch die dargestellten Gebirgszüge, Datierungen der Zeichnungen und darauf festgehaltenen Notizen Friedrichs die Stationen seiner Reisen nachvollziehen. Zum Teil konnte Richter dabei auf Forschungen Karl-Ludwig Hochs zurückgreifen, der sich aber hauptsächlich mit Friedrichs Böhmischen Wanderungen beschäftigt hatte. Oder er stand im Austausch mit Forschenden, wie Gerd Englick in Krippen, die durch ihre lokale Verbundenheit die entsprechenden Wege und Felsformationen ihrer Heimat gut kannten. Durch seine langjährige Tätigkeit als Pressesprecher des Nationalpark Sächsische Schweiz und seine gemeinsamen Klettertouren mit Bernd Arnold ist Frank Richter die Region bis ins Kleinste vertraut.

Deshalb waren wir sehr glücklich, dass wir Frank Richter gewinnen konnten, aus seinen Forschungen einige Wanderrouten zusammenzustellen, auf denen wir auch heute noch Caspar David Friedrich folgen und jene Orte erkunden können, die ihn inspiriert haben. Unsere Ausstellung zum 250. Geburtstag des Künstlers (»Caspar David Friedrich. Wo alles begann«, Albertinum 24. August 2024 – 5. Januar 2025, Kupferstich-Kabinett 24. August – 17. November 2024) beschäftigt sich intensiv mit der Verortung seiner Motive und fragt nach den Anregungen, die er in der Natur und auf seinen Wegen im sächsischen Umfeld Dresdens erfahren hat.

In erster Linie ist dieses Buch ein Kunstführer, der Sie an die Orte führen soll, die Ausgangspunkt für Friedrichs künstlerisches Schaffen waren. Durch Abbildungen seiner Werke, vor allem der Zeichnungen, aber auch einiger Gemälde in einem handhabbaren Format bietet sich hier die Möglichkeit eines direkten Vergleichs vor Ort. Sie wird unterstützt durch viele fotografische Aufnahmen Frank Richters, die helfen, die Berge und Aussichten in die Landschaft in ihrem Wandel nachzuvollziehen.

Dabei verzichten wir weitgehend auf die praktischen Hinweise, die für die Planung von Wanderungen notwendig sind, die aber auf individuelle Bedürfnisse abgestimmt sind. Die entsprechenden Informationen verändern sich oft und lassen sich heute besser über digitale Medien recherchieren. Wir empfehlen deshalb eine Anpassung der vorgeschlagenen Wege im Abgleich beispielsweise mit geläufigen Wander-Apps.

Für diejenigen, die sich nur an einige besondere Orte begeben wollen, die von herausragender Bedeutung für Friedrichs Werk sind, sei der Felsen an der Kaiserkrone (S. 128) empfohlen, der über einen kurzen Fußweg zu erreichen ist. Das gleiche gilt für den Stein am

Püschelweg am Rand von Krippen (S. 139), auch dieser Ort ist zu Fuß schnell zu erreichen. Einen Ausblick, wie Friedrichs **Wanderer über dem Nebelmeer** in Richtung Rosenberg und Zirkelstein lässt sich am Wolfsberg (S. 128) direkt mit dem Auto ansteuern. Aber grundsätzlich wollen wir Sie für das Wandern begeistern, der langsamen Erkundung der Landschaft, der Erfahrung von Distanzen und Zeit, die zur romantischen Weltsicht gehören und auch heute noch in der Sächsischen Schweiz erlebbar sind.

Wir danken der Sparkassen-Finanzgruppe, die sich seit 2006 für die Staatlichen Kunstsammlungen Dresden als Hauptsponsor engagiert und auch diesen Wanderführer unterstützt hat. Die Förderung erfolgt in einer Partnerschaft der Ostsächsischen Sparkasse Dresden, des Ostdeutschen Sparkassenverbandes mit allen sächsischen Sparkassen, der LBS Landesbausparkasse NordOst AG und Landesbank Baden-Württemberg, der Sparkassen-Versicherung Sachsen, der DekaBank Deutsche Girozentrale sowie des Sparkassen-Kulturfonds des Deutschen Sparkassen- und Giroverbandes.

Petra Kuhlmann-Hodick,
Kupferstich-Kabinett

Holger Birkholz,
Albertinum

Gerhard von Kügelgen__**Caspar David Friedrich**
Staatliche Kunstsammlungen Dresden,
Kupferstich-Kabinett

1774 in Greifswald geboren__1790 erster Zeichenunterricht__1794–1798 Studium in Kopenhagen__1798 Übersiedlung nach Dresden__1799 erste Wanderungen in die Sächsische Schweiz__1801/02 längerer Aufenthalt auf Rügen__1802 wieder in Dresden__1806 Rügenreise__1807 Reise nach Nordböhmen__1809 Reise nach Greifswald__1810 Riesengebirgswanderung__1811 Harzwanderung__1813 kriegsbedingter Aufenthalt in Krippen
1815 Reise nach Greifswald__1818 Heirat, Hochzeitsreise nach Greifswald und Rügen__1824 schlechter Gesundheitszustand__1826 Kuraufenthalt auf Rügen
1828 Reise nach Teplitz__1835 Schlaganfall und Lähmung der rechten Hand, Kuraufenthalt in Teplitz__1840 in Dresden gestorben, auf dem Trinitatisfriedhof begraben

Wandern mit Caspar David Friedrich. Eine Einführung

Caspar David Friedrich ist der bedeutendste Landschaftsmaler der deutschen Frühromantik. Nach seinem Studium in Kopenhagen ging er nach Dresden, wo er bis an sein Lebensende lebte. Im Atelier am Altstädter Elbufer schuf er seine bekanntesten Werke. Immer wieder brach er zu großen Wanderungen auf, bei denen er über eintausend Naturstudien zeichnete. Seine engen Beziehungen zur Sächsischen Schweiz lassen sich noch heute anhand vieler Skizzen und einiger Gemälde nachweisen. Er wanderte mehrfach auf dem heute so genannten historischen Malerweg. Anregungen erhielt er von Adrian Zingg und Johann Philipp Veith. Allerdings fühlte er sich nicht der Vedutenmalerei verpflichtet, sondern ging völlig andere Wege. Seine Naturstudien verwendete er, nachdem er seinen unverwechselbaren Stil gefunden hatte, in frei komponierten Landschaftsgemälden, die realen Landschaften zwar zu entsprechen scheinen, jedoch als eigene Erfindungen meist Sinnbilder für seelische Zustände sind. Unter den Gemälden, die die Felsenlandschaft der Sächsischen Schweiz thematisieren, ragen der berühmte **Wanderer über dem Nebelmeer** und **Zwei Männer in Betrachtung des Mondes** heraus. Ihre Spuren kann man in der Sächsischen Schweiz erwandern und entdecken.

Für Friedrich hatte das kleine Fischerdorf Krippen eine besondere Bedeutung. 1813, in der bedrückenden Kriegszeit, fand er von März bis etwa November dort eine Unterkunft bei Verwandten eines Dresdner Freundes. 25 Zeichnungen enthielt das Skizzenbuch, das Friedrich bei diesem Aufenthalt verwendete. Heute ist es aufgelöst und die Blätter befinden sich in verschiedenen Sammlungen.

Um Friedrichs frühe Spuren in seiner sächsischen Wahlheimat zu verfolgen, werfen wir auch den Blick auf die Orte, die er in den ersten beiden Dresdner Jahren besucht hat: Tharandt mit dem Plauenschen Grund, Meißen, Nossen, Hainichen und Kriebstein, um nur die wichtigsten zu nennen. Wenn Friedrich auch dorthin zu Fuß unterwegs war, so wird heute wohl niemand mehr auf die Idee kommen, diese Orte per Fuß zu erwandern. Ein Besuch lohnt sich auf jeden Fall.

Da dieser Kunstführer Friedrichs sächsischen Landschaften gewidmet ist, werden seine Ostseereisen und die Wanderungen in Nordböhmen und im Riesengebirge nicht behandelt. Wobei allerdings die frühen Rügenwanderungen höchst bedeutend sind, denn hier fand Friedrich seinen auf das Wesentliche zielenden Zeichenstil, der reduziert erscheint und doch alles erfasst, worauf es ihm ankam.

Dieser Kunstführer, der anlässlich Friedrichs 250. Geburtstag erarbeitet wurde, soll anregen, auf seinen Spuren zu wandern und seine Motive zu entdecken. Dabei werden wir feststellen, dass die Landschaft uns heute noch ebenso faszinieren kann, wie den Maler in der ersten Hälfte des 19. Jahrhunderts – trotz aller Veränderungen, die die Landschaft und Orte erfahren haben. Sein Blick auf die Natur kann uns Einblicke eröffnen, die uns zum Kern unseres Selbst führen.

Wenn wir wissen, dass seine Gemälde in aller Regel Erfindungen sind, in die er seine Studien von Bäumen, Steinen, Felsen und sogar Gebäuden hineinsetzt, scheinbar willkürlich und ohne jede Beschränkung, dann stellt sich die Frage, nach dem Wahrheitsgehalt seiner Studien.

Betrachten wir seine Skizzen – sie sind meist mit Bleistift oder auch mit der Feder gezeichnet –, dann scheinen manche flüchtig hingeworfen, manche dagegen präzise ausgeführt. Offensichtlich hat Friedrich die Skizzen nicht planlos gesammelt. Oftmals hatte er schon den Verwendungszweck im Sinn. Die Fichten des **Tetschener Altars** hat er ganz bewusst und konkret für dieses Bild gezeichnet. Auch eigenhändige Notizen auf seinen Studien, wie »Horizont« oder »von unten«, bestimmte Markierungslinien, Angaben über Lichteinfall oder Farben und vor allem Zahlen als Entfernungsmaß zeigen an, dass er weiteres mit den Skizzen im Sinn hatte. Sicher nicht mit allen. Manche der Motive sind aus ungewöhnlicher Sicht gezeichnet. Manchmal sperrt sich unsere heutige Seherfahrung, die meist auf das Spektakuläre gerichtet ist, gegen Friedrichs Blick. Eines sollte uns klar sein, er war immer genau und präzise, wenn er zeichnete. Die Freiheit, die er sich beim Komponieren seiner Gemälde nahm, darf man beim Zeichnen nicht auch annehmen. Wenn wir ein Motiv in der Natur nach Friedrichs Zeichnung nicht erkennen, dann ist es auch nicht das, was er dagestellt hat.

> »Mit eigenen Augen sollst du sehen, und, wie dir die Gegenstände erscheinen, sie treulich wiedergeben; wie alles auf dich wirkt, so gib es im Bilde wieder. Beobachte die Form genau, die kleinste wie die große, und trenne nicht das Kleine vom Großen, wohl aber vom Ganzen das Kleinliche.«[1]

So Friedrich selbst. Wollen wir seine Zeichnungen lokalisieren, dann ist eine weitgehende Übereinstimmung zwischen der Zeichnung und dem Naturgegenstand zu suchen. Ist man unsicher, dann ist meist das Gesuchte noch nicht gefunden. Besonders schwierig ist es bei skizzierten Panoramasichten, wo er aus einem weiten Blick einen Ausschnitt gewählt hat, der ihn interessierte, ohne dass wir wissen, was er darin sah. Friedrichs Satz »Nichts ist kostbarer als der Blick auf eine Landschaft, die sich nach allen Seiten öffnet.«[2] deutet seine Sehweise an. Je sparsamer die Linien werden, um so tiefer zeigt sich darin der Grad der Verinnerlichung. Entziehen sich auch manche Zeichnungen bis heute der Lokalisierung, so werden beim Suchen des Motives der Blick geschärft und die Sinne geweckt. Wir betrachten die Natur intensiver, Friedrich lehrt uns ein neues Sehen der Natur.

Max Liebermann hat sich bei der Betrachtung von Naturskizzen Rembrandts zum Naturstudium generell geäußert:

> »Für den Wert von Landschaftsskizzen sei es ganz gleichgültig, zu wissen, wo sie entstanden, ob es Erfindungen der Phantasie seien, oder ob sie aus der Naturanschauung entstanden.
> Für die ästhetische Erkenntnis jedoch ist es von unschätzbarem Wert, das Original, nach dem der Künstler gearbeitet hat, zu kennen. Denn der Vergleich mit der Natur lehrt uns, worin die ›Kunst‹ des Künstlers besteht: Er liefert uns den Beweis ad oculos für die Richtigkeit oder Unrichtigkeit der Resultate des methodischen Denkens über sein Verhältnis zur Natur.«[3]

Übersichtskarte Sachsen.

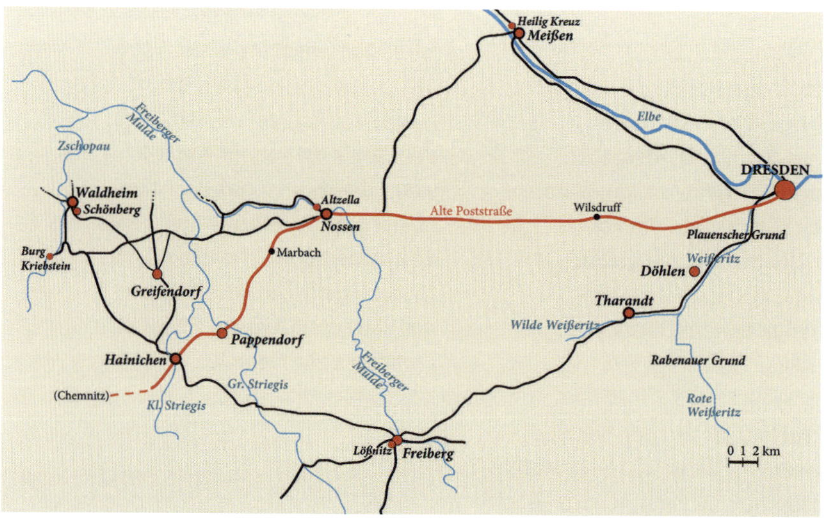

Übersichtskarte des Gebietes westlich von Dresden.

Caspar David Friedrichs frühe Wanderungen in Sachsen

Friedrichs frühe Wege in Sachsen zu verfolgen ist zwar in groben Zügen möglich, stößt jedoch im Detail oft auf unüberwindliche Hindernisse. Das liegt hauptsächlich daran, dass er seine Natur- und Landschaftsstudien zwar meist mit dem Datum versehen hat, aber kaum mit Ortsangaben. Wenn eine Landschaftsstudie nicht ein charakteristisches Erkennungsmerkmal aufweist, ist eine Lokalisierung selten möglich. Hinzu kommen die landschaftlichen und baulichen Veränderungen der vergangenen 200 Jahre, die oft gravierend sind.

Ein interessanter Hinweis zu Friedrichs früher Reisetätigkeit steht in einem Brief an Johan Ludvig Lund (1777–1867) vom September 1800.[4] Lund hatte mit ihm in Kopenhagen studiert. Sie wohnten zusammen in Dresden, bis der Freund im August 1800 nach Paris ging. Friedrich erwähnte im Brief die Orte, die er gerade besucht hatte: Meißen, Nossen, Waldheim, Hainichen und Freiberg. Und er verwies auf H. (Hainichen), wo er offensichtlich ein Mädchen kannte, was Lund wusste. Wir können annehmen, dass Friedrich bereits vorher in Hainichen gewesen sein müsste.

Kommentar zur Übersichtskarte Sachsen

In der Übersichtskarte von Sachsen sind die Orte rot markiert, die Friedrich besucht hat, was sich anhand von Zeichnungen bzw. Briefen belegen lässt. Die Wanderungen nach Nordböhmen und in das Riesengebirge sind hier nicht berücksichtigt. Es werden hier ausschließlich die frühen Wanderungen in Mittelsachsen behandelt.

Kommentar zur Übersichtskarte westlich von Dresden

Auf der Karte sind die Orte dargestellt, die Belege für Friedrichs Besuch bieten. Auch wird deutlich, dass es sich vorwiegend um Flusslandschaften handelt. Es ist nicht möglich, die Felshänge und Steinstudien, die in den beiden Berliner Skizzenbüchern abgebildet sind, mit Sicherheit zuzuordnen. Die deutlichsten Übereinstimmungen kann man noch heute im Plauenschen und im Rabenauer Grund feststellen. Aber letzte Gewissheit gibt es nicht.

Auch ist auffallend, dass Friedrich im Untersuchungsgebiet eine Reihe von Brücken gezeichnet hat. Hier ist die Situation ähnlich schwierig. Meist sind es zwar Steinbrücken, bei denen man davon ausgehen kann, dass sie noch heute existieren. Aber welche Veränderungen sie durch Hochwasser und Umbauten erfuhren, ist nicht immer erkennbar. Somit sind die Zuordnungen von Friedrichs Zeichnungen zur heutigen Wirklichkeit schwer bis kaum möglich. Ein besonderer Glücksfall war die Entdeckung der historischen Steinbrücke über die Große Striegis bei Pappendorf.

Zwischen dem Liebethaler Grund und Wehlen

Abb. rechts:
Im Liebethaler
Grund bei der
Kaskade

Wanderroute

Die Wanderung beginnt bei Hinterjessen, führt durch den Liebethaler Grund bis zur Lochmühle, wo uns der Weg hinauf nach Mühlsdorf leitet. Nächstes Ziel ist der Waldrand des Liebthaler Wäldchen (Fahrstraße). Der Weiterweg (gelber Strich) führt zur Försterbrücke, um die Wesenitz und anschließend die Straße zu überqueren. Durch Felder (gelber Strich) führt der Weg nach Lohmen zur »Hohle«. Auf dem Brückwaldweg wandern wir in den Schleifgrund, an den sich der Uttewalder Grund anschließt. Dieser und der folgende Wehlener Grund führen nach Stadt Wehlen. Den Weg zur Elbe nehmen wir über den Burgberg mit der alten Burgruine. An der Elbe endet die Wanderung (Fährverbindung zum Bahnhof).

Gesamtlänge ca. 14 km
Anforderungen einfach
Empfohlene Wanderkarte Topographische Karte Sächsische Schweiz/Pirna, Blatt 43 vom Landesvermessungsamt Sachsen, 1:25000

Hinweis

Empfohlener Startpunkt: Bushaltestelle *Jessen Weinbergweg* der Linie G/L Liebethal. Nutzt man die Haltestelle *Liebethaler Grund*, dann müsste man zu den Punkten (1) und (2) zurücklaufen.

Erläuterung zur Karte /

Caspar David Friedrichs Motive

(1) Steinbruchmotiv__**Landschaft mit Steinbruch** (2) Felswand mit Blick nach Liebethal__**Felswand mit Blick nach Liebethal** (3) Steinbruchmotiv__**Felshang** (4) Felsen am Bach (Wassersturz)__**Gesteinsstudien** (5) Rabenteufe (6) Lochmühle (7) Blick zum Hohen Schneeberg__**Landschaft** und **Landschaft im Elbsandsteingebirge** (8) Blick zum Lilienstein__**Hügelige Landschaft mit Wanderer** (9) Felsen an der Steinbrechertreppe (10) »Blechen«-Felsen (11) Uttewalder Felsentor__**Felsentor im Uttewalder Grund** (12) »Carus«-Felsen (13) Tannenlichtung am Weg__**Tannenlichtung am Weg** (14) Elblandschaft Wehlen__**Flußlandschaft** (15) Elblandschaft Wehlen__**Elbtallandschaft**

__Lohmen

Unsere Friedrich-Route, die sich an seinen gezeichneten Motiven orientiert, führt an Lohmen vorbei. Wir wissen, dass der Maler Lohmen kannte und sogar hier mit Freunden gefeiert hat. Es ist lohnenswert, dem Ort und seinen Sehenwürdigkeiten einen gesonderten Besuch abzustatten.

Im Oktober 1800 schrieb Caspar David Friedrich an seinen Freund Johan Ludvig Lund:

> »Ich glaube es war der 17. September wie Bundsen von hier reiste. er gab einen briljanten abschieds Schmaus in Lohmen.«[5]

Es war sicher das Lohmener Erbgericht, wo die Malerfreunde gefeiert haben. Das Gasthaus steht noch immer, auch wenn es irgendwann erneuert wurde. Lohmen war für die Künstler interessant: das malerische Schloss auf dem Felssporn, die 1786–1789 erbaute Kirche, eine der schönsten Dorfkirchen Sachsens, oder das gesamte Ortsbild um die alte Wesenitzbrücke mit dem steinernen Brückenkreuz, das Friedrich besonders angesprochen haben mag.

Lohmen war der Ort, wo man zum ersten Mal übernachtete, wenn man sich auf die schon um 1800 berühmte »Schweiztour« begab. Nach dem beeindruckenden Erlebnis des Liebethaler Grundes kehrte man hier gern ein. Zudem wohnte hier der Pastor Carl Heinrich Nicolai, der 1801 den ersten »Wegweiser durch die Sächsische Schweiz« verfasste und dessen Rat man gern einholte, wenn man hier wandern wollte.

__Liebethaler Grund

Die Entdeckertour der Sächsischen Schweiz begann im Liebethaler Grund, wo man bei Hinterjessen auf die ersten Sandsteinfelsen

Adrian Zingg__**Lohmen**
1800, Stiftung Hasse

Wesenitzbrücke bei Lohmen: mit historischem Brückenkreuz auf der sanierten Brücke. Das Kreuz in der Landschaft sollte bei Friedrich künftig eine wichtige Rolle spielen.

Erbgericht in Lohmen: Hier übernachteten die Schweizreisenden Anfang des 19. Jahrhunderts zum ersten Mal bei ihrer mehrtägigen Tour durch die Sächsiche Schweiz.

Kirche von Lohmen: Blick zum Altar mit Orgel. Hans Christian Andersen: »Man sagt, dass es eine der schönsten Dorfkirchen Sachsens sei.«

traf. Zugleich wurde man mit der Steinbrecherei konfrontiert. Das war eine Überraschung und so beginnen die meisten historischen Schilderungen des Liebethaler Grundes mit Steinbruchgeschichten. Auf den gezeichneten Blättern sind die Steinbrecher bei ihrer gefährlichen Arbeit zu sehen. Bei Carl August Engelhard (1794) lesen wir über die Liebethaler Steinbrüche:

> »Ihr Anblick ist überraschend. Zwei Reihen einander gegenüber stehender Sandsteinfelsen, welche die Natur aus ungeheuren Blöcken gethürmt hat, bilden ein tiefes, einsames Tal, durch welches die Wesenitz bald sanft sich schlängelt, bald über herabgestürzte Felsenstücken rauschend dahinströmt. [...] Wo man die Steine bricht, erweitert sich das Tal und verliert nach und nach seine Wildheit. Hier stehet zwischen zwei Brüchen eine dünne Wand, welche die Arbeiter des einen und die des nächsten Bruchs stehen liesen, gestützt durch einige Balken, als wollte sie den Augenblick zusammenstürzen — dort hat man tief in den Felsen gearbeitet, die Steinbrecher stehen unter dem schauerlichen Naturdache, sorglos und unbekümmert, als hätten sie mit dem Tode einen Bund geschlossen, sie nicht bei der Arbeit zu zerschmettern — Auf einem jähen Abhange unterarbeiten andere einen ungeheuern Block, um ihn zum Fallen zu bringen; Sand und Erde rollt beständig unter den Füssen weg, allein das kümmert die Verwegenen nur wenig.«[6]

Anonym_**Liebethaler Steinbrüche**
um 1800, Stiftung Hasse

Hinterjessen, Steinbruchwand.

Hinterjessen, Steinbruchwand
Oberhalb der Brücke über die Wesenitz.

Adrian Ludwig Richter_**Liebethaler Grund**
1823, Stiftung Hasse

Ludwig Richters Radierung zeigt den Blick auf den unteren Teil des Liebethaler Grundes. Er schaut aus dem Tal heraus. Die massive Sandsteingewinnung hat die Landschaft bis zur Unkenntlichkeit verändert. Friedrichs Ansicht, er blickte ins Tal, ist heute nicht mehr vorhanden (1). Interessant ist, dass er hier zwar die angefertigten Mühlsteine, nicht aber Steinbrecher bei ihrer Arbeit dargestellt hat.

1 Caspar David Friedrich__**Landschaft mit Steinbruch**
um 1800, G 701, Wien, Albertina, Grafische Sammlung

(2) Caspar David Friedrich__**Felswand mit Blick nach Liebethal**
um 1828, G 915, Staatliche Graphische Sammlung München

Motive im Liebethaler Grund

Caspar David Friedrich zeigt uns einen Blick durch eine Felsscharte zur Liebethaler Kirche (2). Ob er den freistehenden Felsturm links unterhalb der Kirche am 9. Juni 1812 hier im Liebethaler Grund gezeichnet hat oder ob es eine Zutat ist, lässt sich schwer beurteilen. Zu viel ist von den Felsformationen verschwunden, vielleicht auch dieser Turm. Immerhin hielt sich Friedrich am 14. Juni 1812 in Wehlen auf. Zeitlich würde ein Aufenthalt im Liebethaler Grund passen. In der unmittelbaren Wehlener Umgebung ist dieser Turm nicht zu finden. Das Aquarellblatt war für ein Freundschaftsalbum gedacht.

Noch heute lässt sich andeutungsweise Friedrichs Blick nachvollziehen, auch wenn von dem Sandsteinriegel nur noch ein kümmerlicher Rest vorhanden ist. Der freistehende Turm (wenn es ihn wirklich gegeben haben sollte) ist ganz verschwunden.

Friedrich zeichnete die wuchtige Felswand ganz offensichtlich im Liebethaler Grund (3). Nimmt man die winzige, kaum wahrnehmbare Figur auf der sonnenbeschienen glatten Felsfläche als Maßstab, dann bekommt man eine Vorstellung für die Dimension der Wand. Die kantigen Abbruchstellen weisen eindeutig auf Steinbrecher hin. Noch heute sind vergleichbare Felswände im Liebethaler Grund zu sehen, wie das Vergleichsfoto zeigt. Bemerkenswert ist auch, wie Friedrich die Licht-Schattenwirkungen durch die Lavierung der Felspartien herausgearbeitet hat.

Liebethal: Blick zur Kirche über den Rest eines Sandsteinriegels. Die aktuelle Bebauung beeinträchtigt Friedrichs Blick.

Caspar David Friedrich_**Felsstudie**
9. Juni 1812 (Ausschnitt), G 1012, Los Angeles, Getty Museum

3 Caspar David Friedrich__**Felshang**
um 1799, G 141, Staatliche Museen zu Berlin, Kupferstichkabinett

Es spricht vieles dafür, auch den unteren Teil des Blattes im Liebethaler Grund zu verorten, auch wenn die konkrete Stelle nicht zu finden ist. Zu viel hat sich im Grund verändert. Immerhin hat man hier bis 1950 noch Sandstein gewonnen.[7]

Es ist anzunehmen, dass die **Gesteinsstudien** im Liebethaler Grund entstanden sind (4). In der Zeichnung mit dem Mann auf dem Felsen sind die typischen Steinbruchstrukturen der Wand im Hintergrund (trotz sparsamer Strichführung) erkennbar. Es kommt wohl die Stelle infrage, wo das Wasser über eine Steilstufe braust, der sogenannten Kaskade, wie sie damals auch benannt wurde. Von Christian August Günther, einem Zinggschüler, kennen wir einen Kupferstich, der als Vergleich dienen kann. Der Chronist berichtet über die gravierenden Veränderungen durch ein Hochwasser von 1804:

»Im Jahr 1804, d. 14. Juni, trat nach einem dreitägigen starken Regen die Wesenitz aus ihren Ufern, richtete große Verheerungen an, indem die empörte Flut außerordentliche Steinblöcke mit sich fortriß; spülte Halden, die wohl Jahrhunderte gelegen hatten weg, und versandete über 100 Mühlsteine; kurz, der Grund bekam dadurch fast ein ganz anderes Ansehen. Erst im Sommer des Jahres 1811 ist der zum Teil gänzlich unzugängliche Weg bis zur Lochmühle bequem wieder hergestellt worden.«[8]

Somit ist es schwierig, das aktuelle Bild des Liebethaler Grundes mit dem Zustand um 1800 in Übereinstimmung zu bringen. Dabei ist auch zu beachten, dass an der Stelle, wo sich die Ruine des Elektro-Kraftwerkes befin-

Felswand im Liebethaler Grund: Die kantigen Bruchstellen weisen auf die Steinbrecherei hin und entsprechen Friedrichs Zeichnung.

(4) Caspar David Friedrich__**Gesteinsstudien**
3. September 1800, G 227 verso,
Kunsthalle Mannhein

(4) Caspar David Friedrich__**Gesteinsstudien**
3. September 1800, G 227 recto,
Kunsthalle Mannhein

Christian August Günther__**Wasserfall im Liebethaler Grund**
1800, Stiftung Hasse

Liebethaler Grund: die Stelle des Wasserfalls.

det, der Weg zu Ende war. Erst 1841 hat man die Stelle begehbar gemacht (siehe Felsinschrift). Man musste umkehren und den Umweg zur Lochmühle über die Höhe nehmen. Hier befindet sich auch die »Rabenteufe«, die mehrfach dargestellt wurde, wie von Dahl (5), nicht aber von Friedrich. Auch die seinerzeit berühmte Lochmühle, heute eine traurige Ruine, die auf ihre Wiedererweckung wartet, hat Friedrich nicht dargestellt. Im Gegensatz zu den meisten seiner Malerkollegen, die den Liebethaler Grund besuchten. Pastor Nicolai kam 1801 ins Schwärmen:

> »Schon die Lage der Mühle und der Anblick der schroffen Felsen, zwischen welchen sie eingeklemmt liegt, ist überraschend. Wer nun durch die Mühle geht und auf die schmale Brücke tritt, die über die Wesenitz führt, der wird erst recht überrascht. Zur Rechten die Einsicht in den fürchterlich schönen Grund und zur Linken das Rauschen der Wesenitz, die hier über große Felsenstücke daherschäumt, verbunden mit dem Brausen des Mühlschutzes macht gewöhnlich einen solchen Eindruck auf den Menschen, daß er sich von dieser Stelle nicht so leicht wieder reißen kann. Und wer einmal hiergewesen ist, geht gewiß gern wieder her, um den angenehmen Eindruck oft zu erneuern.«[9]

Zuletzt sei noch das Richard Wagner-Denkmal erwähnt, das 1933 hier aufgestellt wurde. Bevor wir an der Lochmühle den Liebethaler Grund verlassen, sei noch auf das schöne Ensemble der alten Brücke (älteste Einmeißelung: 1735), den Stufen, die hinauf nach Daube führen und das Wehr, über das das Wasser schäumt, verwiesen.

Felsinschrift zur Erinnerung an den Wegbau 1841 an der Rabenteufe.

(5)

Johan Christian Dahl__**Liebethaler Grund (an der Rabenteufe)**
1825, Bergen, KODE Art Museum

(6)

Adrian Zingg__**Lochmühle im Liebethaler Grund**
1825, Staatliche Kunstsammlungen Dresden, Kupferstich-Kabinett

Historische Wesenitzbrücke bei der Lochmühle und Sandsteintreppe zum Aufstieg nach Daube.

Der Blick zum Hohen __Schneeberg

Bei der Lochmühle verlassen wir den Liebethaler Grund und steigen hinauf nach Mühlsdorf. Der Weiterweg führt über die offene Hochfläche in Richtung Porschendorf. Am Waldrand haben wir dann den lange gesuchten Fernblick zum Hohen Schneeberg (7). Diese Stelle als Zeichenstandort Friedrichs zu finden, war schwierig. Auch aus größerer Entfernung verändern sich die Dimensionen des größten Tafelberges im Elbsandsteingebirge kaum, von wo aus man ihn auch betrachtet. Vom Blauen Wunder in Dresden wirkt er nahezu genauso wie z. B. von den Höhen bei Pirna. Selbst der Friedrichkenner Karl-Ludwig Hoch musste 1995 noch gestehen, dass der Zeichenstandort nicht ermittelt werden konnte. Ihn erinnerte »die langgestreckte Gestalt des Hohen Schneeberges an die Form eines Sarges.«[10]

Der Hohe Schneeberg hatte offenbar für Friedrich eine besondere Bedeutung, denn er verwendete ihn in zwei Gemälden und einem späten Sepiablatt (**Sarg am Grab**, um 1836, G 971). Interessant ist, dass der Maler am Waldrand bei Mühlsdorf zwei Mal gezeichnet hat, ein erstes Mal 1804 und dann 1806. Das erste Mal stand er etwas nördlicher. Da er-

(7)

Caspar David Friedrich__**Landschaft** (im Elbsandsteingebirge)
27. April 1804, G 389, Eigentum der Ernst von Siemens Kunststiftung, des Kupferstichkabinetts – Staatliche Museen zu Berlin, Stiftung Preußischer Kulturbesitz, des Kupferstich-Kabinetts der Staatlichen Kunstsammlungen Dresden, der Klassik Stiftung Weimar, Direktion Museen. Erworben mit Mitteln der Kulturstiftung der Länder sowie für Dresden mit Unterstützung der Liebelt-Stiftung, Hamburg, von Dr. Henning Hoesch, dem Verein der Freunde des Kupferstich-Kabinetts Dresden e.V., Dr. Martin Schröder, Michael und Elke von Brentano und weiterer Spender.

Blick vom Waldrand bei Mühlsdorf zum Hohen Schneeberg: Der Blick geht über die Häuser von Lohmen und Mühlsdorf. Rechts vor dem Tafelberg steht die Kirche von Dorf Wehlen.

Caspar David Friedrich__**Elblandschaft**
1824, BS/J 272, Stralsund Museum
Im Hintergrund der Hohe Schneeberg.

scheint die Kirche von Dorf Wehlen im rechten Drittel vor dem Hohen Schneeberg. Beim zweiten Blatt erscheint sie links vor dem Tafelberg.

Die Kunsthistoriker streiten sich seit Jahren, ob es beim Gemälde **Frau vor der untergehenden Sonne** um einen Sonnenuntergang oder um die aufgehende Sonne handelt. Dabei muss man wissen, dass aus der Perspektive der Zeichnungen nie die Sonne hinter dem Hohen Schneeberg auf- oder untergeht, denn der Tafelberg steht genau im Süden. Das Gemälde ist ein typisches Beispiel von Friedrichs Kompositionstechnik.

Friedrichs **Hügelige Landschaft** entstand am Ortsausgang von Lohmen auf dem Zeißighübel (8). Links ist der Lilienstein, rechts der Hohe Schneeberg zu sehen. Vor letzterem sind die Bärensteine zu erkennen. Wo Friedrich Nadelbäume gesehen hat, stehen heute vorwiegend Laubbäume.

Hier beginnt der Abstieg in den Uttewalder Grund, der einen anderen Charakter als der Liebethaler Grund hat. Es fehlt im Uttewalder Grund zwar ein Bach oder Fluss, aber die dicht gegenüberstehenden Felswände verleihen dem Grund eine beeindruckende Wildheit.

Caspar David Friedrich__**Frau vor der untergehenden Sonne**
um 1818, BS/J 249, Essen, Museum Folkwang
Im Hintergrund der Hohe Schneeberg.

(7)

Caspar David Friedrich
__**Landschaft im Elbsandsteingebirge**
19. August 1806, G 454,
Oslo, Nationalmuseum

Blick vom Waldrand bei Mühlsdorf zum Hohen Schneeberg: Der Blick geht über die Häuser von Lohmen. Links vor dem Tafelberg steht die Kirche von Dorf Wehlen.

(8) Caspar David Friedrich__**Hügelige Landschaft mit Wanderer**
um 1803, G 353, Kunsthalle Mannheim

Blick vom Lohmener Ortsrand Richtung Uttewalde.

__Uttewalder Grund

1842 bereiste die englische Schriftstellerin Mary Shelley (1797–1851) die Sächsische Schweiz und besuchte die wichtigsten Punkte. Den besonderen Charakter des Uttewalder Grundes hat sie in ihrem Buch »Streifzüge durch Deutschland« treffend beschrieben:

> »Im allgemeinen scheinen die Berge sich über die Ebenen, wo die Menschen wohnen, zu erheben (wie es ja auch ist) und ihre mächtigen Häupter zum Himmel emporzustrecken. In Sachsen will es scheinen, als wären die Gipfel der Berge die äußere Peripherie der Erdkugel, durch die Kräfte des Wassers seltsam gespalten und abgetragen. Während wir unseren Weg durch den engen Hohlweg gingen, stiegen die Felsen rechts wie links lotrecht empor und schlossen uns mit Wänden ein. Die Klippen sind in tausend phantastische Gebilde gebrochen und zu zahllosen schroffen Säulen, Pfeilern und Gipfeln geformt, mit riesigen Höhlen, mächtigen Portalen und hochragenden Bogengängen; das Ganze mit Kiefern bedeckt, mit üppig wachsenden Büschen aller Art begrünt. Der Bach plätschert murmelnd in seinem felsigen Bett dahin. Der Pfad schlängelt sich an ihm entlang und steigt dabei über die Felsen auf und ab … Verschiedene Hohlwege zweigen vom Hauptweg ab und werden zahlreich und verwickelt, vielgestaltig durch riesige, seltsam geformte Höhlen, manche zum Himmel geöffnet, manche dunkel und tief.«[11]

Im Uttewalder Grund.

(9) August Heinrich__**Im Uttewalder Grund**
1820, Klassikstiftung Weimar

Friedrich kannte den Uttewalder Grund sehr gut. Er hatte seinem Malerfreund Johan Christian Dahl und wohl auch seinem Schüler August Heinrich empfohlen, diesen Grund zu besuchen. Interessanterweise haben die beiden in einem Abstand von einem Jahr die markante Felsecke gezeichnet, die sofort ins Auge springt, wenn man den alten Steinbrecherweg mit den vielen Stufen von Uttewalde herunterkommt (9).

Leider kennen wir von Friedrich nur ein einziges Motiv aus dem Uttewalder Grund, das berühmte Felsentor (11). Das ist umso bedauerlicher, zumal er selbst gesagt hat, dass er einmal eine Woche allein im Uttewalder Grund wohnte. So erscheinen Dahl und Heinrich gewissermaßen als Friedrichs Stellvertreter im Uttewalder Grund und zeigen uns Natureinblicke, die den seinen verwandt sind. Auch Karl Blechen können wir hinzurechnen. Als er im

Vergleichsbild zu August Heinrich.

Steinbrechertreppe von Uttewalde.

9 Johan Christian Dahl__**Ottowalder Grund**
1819, Oslo, Nationalmuseum

Vergleichsfoto zu Johan Christian Dahl.

(10) Karl Blechen__**Uttewalder Grund**
7. August 1823, Berlin, Akademie der Künste

Blechens Stein im Uttewalder Grund.

(10) Karl Blechen__**Uttewalder Grund**
19. August 1823, Staatliche Museen zu Berlin, Kupferstichkabinett

Blechens Felsmotiv im Uttewalder Grund.

Sommer 1823 eine Studienreise nach Dresden machte, hatte er ein Empfehlungsschreiben für Dahl bei sich. Er besuchte Dahl und lernte durch ihn sicher auch Friedrich kennen. Blechen fand weitere Motive im Uttewalder Grund (10). Auffallend ist eine umgekippte Steinplatte, die an einem Felsblock lehnt, und ein großer eingeklemmter Stein, knapp hundert Meter talabwärts an einer kleinen Steinbogenbrücke. Beides ist noch heute unverändert und der aufmerksame Wanderer wird diese Stellen entdecken.

Wassili Schukowski, der Russischlehrer der aus Deutschland stammenden Gemahlin des künftigen Zaren Nikolaus I., schrieb 1821 an die Großfürstin, dass er Friedrich zu einer Reise in die Schweiz eingeladen hätte und von dessen Ablehnung:

(11) Caspar David Friedrich__**Felsentor im Uttewalder Grund**
28. August 1800, G 227, Kunsthalle Mannheim

»Ich muss allein bleiben und wissen, dass ich allein bin, um die Natur völlig zu schauen und zu fühlen; ich muß mich dem hingeben, was mich umgibt, mich vereinigen mit meinen Wolken und Felsen, um das zu sein, was ich bin. Die Einsamkeit brauche ich für das Gespräch mit der Natur. Einmal wohnte ich eine ganze Woche im Uttewalder Grund zwischen Felsen und Tannen, und in dieser ganzen Zeit traf ich keinen einzigen lebenden Menschen; es ist wahr, diese Methode rate ich niemandem – auch für mich war das schon zuviel: Unwillkürlich tritt Düsterkeit in die Seele.«[12]

11 Caspar David Friedrich
__Felsentor im Uttewalder Grund
1800/01, G 232, Essen, Museum Folkwang

Felsentor im Uttewalder Grund.

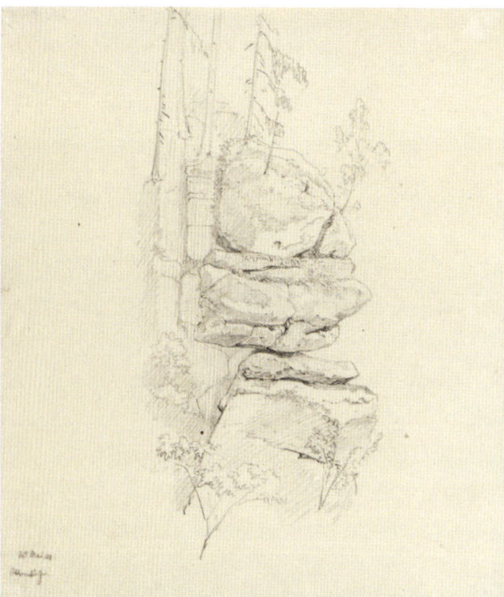

12 Carl Gustav Carus__**Ottowalder Grund**
30. Mai 1824, Staatliche Kunstsammlungen Dresden, Kupferstich-Kabinett

»Carus«-Felsen im Uttewalder Grund.

Karl-Ludwig Hoch hat zum Uttewalder Felsentor einmal den schönen Satz gesagt »Hier wandelte sich das Entsetzen zum Entzücken.« Treffender lässt sich die Situation in der zweiten Hälfte des 18. Jahrhunderts kaum beschreiben, als die Elbsandsteinlandschaft für den Fremdenverkehr entdeckt wurde. Ysop Lafleur, der Spötter, schilderte es 1798 folgendermaßen:

> »Der Weg ging über einige gelegte Bohlen zwischen den Felswänden so enge dahin, daß man eingeschlossen war, wie in den häßlichen Quergassen in Dresden. Und nun denke dir noch große Steine, die über dir dazwischen liegen, daß du darunter durchgehen mußt wie unter einem Torweg. Wie können nur Leute, die sonst hundert Schritte umgehen, um nicht dreißig Schritte lang durch ein enges Gäßchen zu gehen, wo doch ordentliches Steinpflaster ist – wie in aller Welt können die nun über so eine Felsschlucht sich freuen?«[13]

Zwei Motive von Friedrichs Malerfreund Carl Gustav Carus bereichern die Uttewalder Grund-Sammlung. Eines (12) lässt sich mit der Zeichnung noch heute vergleichen. Das andere, die Steine im trockenen Bachbett, sucht man vergebens. Damals war das Bachbett noch in seinem ursprünglichen Zustand. Erst später wurde es aus Gründen des Hochwasserschutzes so massiv ausgebaut, wie wir es heute vorfinden. Auch wenn meistens kein Wasser im Bachbett fließt, hat sich bis heute immer wieder einmal gezeigt, welche verheerenden Folgen hier Unwetter auslösen können.

Am 14. Juli 1812 zeichnete Friedrich ein interessantes Waldbild (13), das möglicherweise im Wehlener Grund entstanden ist. Die konkrete Stelle ließ sich nicht finden. Denkbar ist die Wegkreuzung, wo der Teufelsgrund vom Wehlener Grund abzweigt und die Fahrstraße zum Steinrücken beginnt. Möglich ist auch die Stelle, wo der Brückwaldweg auf den Schleifgrund trifft. Das markanteste Zeichen des Blattes ist die kleine Holzbrücke, die natürlich längst verschwunden ist. Am selben Tag hatte Friedrich in Wehlen auf dem Burgberg einen Elbtalblick (14) gezeichnet.

Blick in den trockenfallenden Bach des Wehlener Grundes.

13 Caspar David Friedrich_**Tannenlichtung am Weg**
14. Juni 1812, G 662, Oslo, Nationalmuseum

__Wehlen

Bevor wir die Elbe erreichen, steigen wir auf den Burgberg, um Friedrichs **Flußlandschaft** zu betrachten (15). Der Vergleich zweier Wehlener Zeichnungen ist interessant. Während das Blatt aus dem Jahr 1800 eine seiner frühen Landschaften ist, wo jede Besonderheit festgehalten ist, zeigt sich bei der Ansicht von 1812 Friedrichs reifer, sparsamer Zeichenstil in ausgewogener Harmonie (15). Die Vergleichsansichten von Oehme und Rohrdorf/Meyer zeigen die Beliebtheit des Motives.

(14) Caspar David Friedrich__**Flußlandschaft**
14. Juni 1812, G 664, Privatbesitz
Bezeichnet__»Nebel muß sich weiter nach beiden Seiten ausdehnen«

Blick über Wehlen elbaufwärts. Friedrich stand bei seiner Zeichnung auf dem Burgberg. Der Blick ist heute durch Bäume beeinträchtigt. Deshalb wurde das Foto vom Gegenhang aufgenommen.

15 Caspar David Friedrich__**Elbtallandschaft**
1800, G 202, Greifswald, Pommersches Landesmuseum

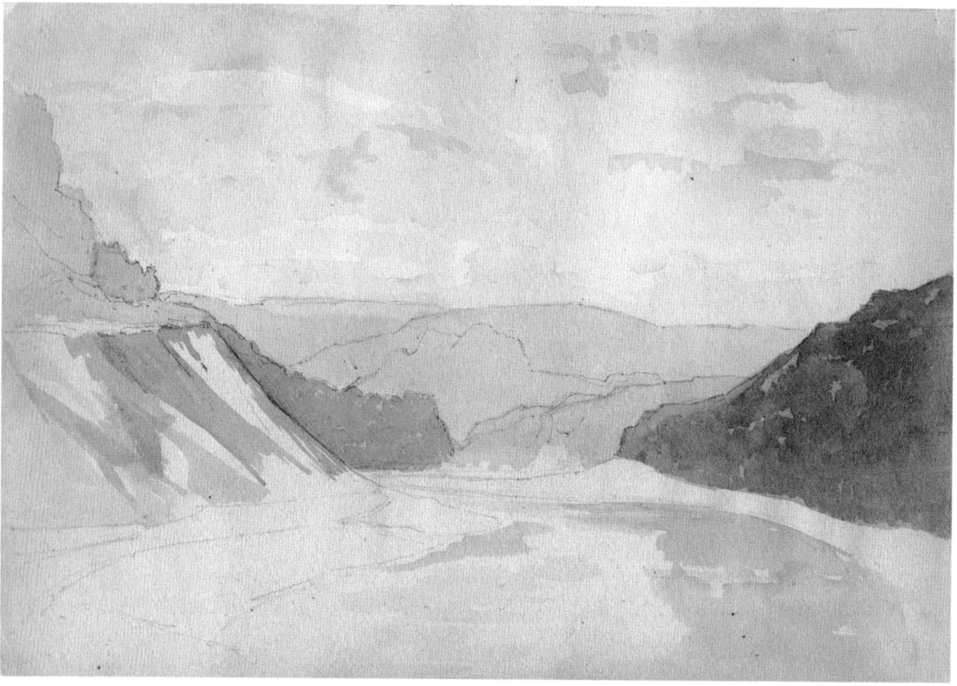

15 Ernst Erwin Oehme__**Elblandschaft**
um 1850, Privatbesitz

Blick von Wehlen elbaufwärts. In der Bildmitte über der Burgruine Altrathen ist der Gamrig zu sehen.

(15) Conrad Caspar Rohrdorf (nach Johann Jakob Meyer)__**Elblandschaft**
um 1839, Privatbesitz

Im Rathener Gebiet

Abb. rechts:
Blick zu den Feldsteinen
mit Talwächter

Wanderroute

Beginn im Kurort Rathen an der Fähre (1). Aufstieg Richtung Kleine Bastei (Rhododendronpark). Weiter zum Gamrig (Besteigung empfohlen, schöner Blick auf Rathen und den Lilienstein). Kurz zurück und Abstieg nach Niederrathen. Knapp hinter dem »Haus des Gastes« links abbiegen zur Talwächterwiese (4). Hat man einen ortskundigen Führer dabei, kann man auf dem schmalen unmarkierten Pfad direkt am Talwächter vorbei (alte Stufen aufwärts) und dann zum Amselsee absteigen. Nach Besuch des Amselfalls (9) entweder etwas zurück und die steilen Schwedenlöcher hinauf zur Bastei, oder die in der Karte markierte Hauptroute benutzen (Abzweig am Tiefen Grund nicht beschildert). Bei (11) die Ferdinandaussicht besuchen. Sehr empfehlenswert ist der Rundgang durch die Felsenburg Neurathen (12).

Gesamtlänge: ca. 9 km
Anforderungen: zwei steile Anstiege, Trittsicherheit erforderlich
Empfohlene Wanderkarte: Böhm-Karte *Die Bastei* 1:10000
Anreise: S-Bahnlinie S1 (von Dresden im Halbstundentakt)

Erläuterung zur Karte /
Caspar David Friedrichs Motive

Friedrich hat die Kleine Gans aus dem Grünbachtal sowie den Talwächter (Feldstein) und Gamrig vom Fuß der Kleinen Gans gezeichnet. Diese Zeichenstandorte sind heute wegen der Bewaldung nicht mehr möglich. Deshalb werden alternative Standorte angeboten. Der Rundgang durch die Rathener Felsen beginnt am Fähranleger auf der rechten Elbseite.

(1) **Elbtallandschaft bei Rathen** und **Blick zum Lilienstein** (2) Blick auf das Rathener Felsrevier △3 **Gamrig** (4) Talwächterwiese △5 **Kleine Gans** △6 **Feldstein/Talwächter** △7 Honigstein (8) Amselgrund__**Felsmotiv** und__**Fels- und Baumstudien** (9) Amselfall__**Amselhöhle** (10) Basteiaussicht (11) Neurathen (Neurathener Felsentor)__**Felsenschlucht** und **Das Tor auf dem Neurathen** (12) Felsenburg Neurathen (Rundgang). Dreiecke markieren keine Wanderstationen, sondern Orientierungspunkte.

Caspar David Friedrich in Rathen

Im Sommer 1803 wohnte Caspar David Friedrich in Loschwitz, damals ein kleines Dorf an der Elbe mit einfachen Fischer- und Bauernhäusern, und genoss das ländliche Leben. Am 26. Juli 1803 notierte er in sein Tagebuch:

> »Heute bin ich mit der kleinen Gans fertig geworden. Es ist sehr schlecht gerathen, so daß ich mich schämen möchte es für meine Arbeit gelten zu lassen. Mit dem Vorsatze allen nur möglichen Fleiß auf dem Bilde anzuwenden fing es an; weil es ein schönes Ding von Gegenstand ist. Ich hatte aber im Anfang so wie werend der ganzen Zeit so ich daran gearbeitet viele Hindernisse. [...]«[14]

Betrachten wir Friedrichs bisherige Zeichnungen von der Sächsischen Schweiz, dann sehen wir Motive aus dem Liebethaler und Uttewalder Grund, aus dem Polenztal und dem Schindergraben, alles eingeengte Blicke. Es gibt zwar zwei frühe Ansichten aus dem Elbtal, aber die großartigen Felsgebiete und die Fernsichten, etwa von der Bastei, fehlen. Erst 1802/03, nach der Rügenreise, die seinen Blick für weite Landschaften geschärft hat, beschäftigt er sich eben mit der Kleinen Gans, wie wir aus dem Tagebuchfragment wissen. Und diese Felsgruppe gehört unbestreitbar zu den großartigsten Felsfiguren der Sächsischen Schweiz. Schade, dass die Naturstudie, nach der er sicher ein großes Sepiablatt in seiner Loschwitzer Malerstube gearbeitet hat, verschollen ist, wie auch das erwähnte Bild. Im Zusammenhang mit der Kleinen Gans können wir den Besuch der Amselhöhle sehen, die er um diese Zeit gezeichnet hat, und auch einen Blick zum Honigsteinmassiv.

1806, unmittelbar nach einer weiteren Rügenreise, ist er erneut im Rathener Gebiet und zeichnet drei Ansichten im Elbtal. Zwei lassen sich eindeutig lokalisieren. 1808, auf dem Rückweg vom Prebischtorgebiet, macht Friedrich wieder in Rathen halt und übernachtet wahrscheinlich auch hier. Er zeichnet am 13. Mai 1808 vom Fuße der Kleinen Gans einen Blick zum Talwächter, der damals Feldstein hieß, und einen Blick zum Gamrig. Am nächsten Tag einen »Großen Sandstein«, der sich aber nicht finden ließ. Später, um 1810, ist er wieder einmal im Amselgrund und zeichnet ein Felsmotiv am Wegesrand mit einem Blick durch die Bäume zum Honigstein. Der Honigstein hatte für Friedrich einen besonderen Stellenwert, sah er doch in dieser Felsform ein Gottesmotiv. Fünfmal hat er diesen Berg verwendet.

Auffallend bei Friedrich ist, dass die touristischen Glanzpunkte wie die Basteiaussicht oder das Prebischtor nie in seinen Bildern Verwendung finden. Auch in seinen Zeichnungen scheint er sie ignoriert zu haben. In dieser Hinsicht hat ihn der russische Staatsrat und Dichter Wassili Schukowski, der mit Friedrich befreundet war, verkannt, wenn er 1821 im Anblick des Prebischtores schreibt: »Ich dachte an Friedrich. Das ist etwas für seinen Pinsel«.[15]

Und doch wissen wir, dass Friedrich auf der Bastei war. Denn im Gemälde **Felsenschlucht** ist das Neurathener Felsentor dargestellt. Vom Felsentor schuf er später noch ein Aquarell, das auch die Fernsicht nach Böhmen zeigt, wie sie im **Wanderer über dem Nebelmeer** grandios zu sehen ist.

Unseren Rundgang durch die Rathener Felsen haben wir so gelegt, dass alle Motive berücksichtigt sind. Wir gehen noch ein wenig

(1) Caspar David Friedrich_**Elbtallandschaft bei Rathen**
1806, G 455, Oslo, Nationalmuseum (Blick elbabwärts)

Elbwände bei Rathen: Blick vom linken Elbufer auf die Weißen Brüche, der genaue Zeichenstandort ist nicht zugänglich. (1a)

Elbwände bei Rathen: Blick vom rechten Elbufer beim Fähranleger.

darüber hinaus, indem wir am Beginn der Route empfehlen, hinauf zum 1894 angelegten Rathener Pflanzengarten (auch Rhododendronpark) (2) zu gehen, wo sich ein großartiger Blick über die Rathener Felsen bietet. Auch den Gamrig (3), den Friedrich zwar gezeichnet, wohl aber nicht bestiegen hat, raten wir zu besteigen. Denn damit erhalten wir eine Einstimmung in die Landschaft, die unsere Sinne für die Beschäftigung mit Friedrich öffnet.

Im Osloer Skizzenbuch von 1806 befinden sich vier Elbtalstudien. Die erste (1) zeigt einen Blick von Rathen auf die Elbwände in Richtung Wehlen. Deutlich ist die scharfkantige Abbruchlinie an der höchsten Erhebung zu sehen. Die hellen Felswände gehören zu den ehemaligen Weißen Brüchen. Friedrichs

(1) Caspar David Friedrich__**Blick zum Lilienstein**
1806, G 457, Oslo, Nationalmuseum (Blick elbaufwärts)

Blick zum Lilienstein.

Caspar David Friedrich__**Blick auf den Lilienstein**
um 1836, G 984, Schweinfurt, Museum Georg Schäfer

Standort befand sich auf dem linken Elbufer leicht erhöht am Hang. Die Elbe ist in der Bildmitte unter dem zweithöchsten Berg nur durch eine kurze Linie angedeutet. Links davon hat er ganz sparsam einige Häuser von Stadt Wehlen skizziert.

Am exakten Zeichenstandort verstellen heute Bäume den Blick. Friedrichs Motiv lässt sich auch an der Grünbachmündung am rechten Elbufer erfassen. Auch wenn von dort die ferneren Berglinien verdeckt sind.

Die zweite der Rathener Elbtalstudien zeigt einen Blick zum Lilienstein. An der Schraffierung lässt sich die Tageszeit ablesen. Es ist Nachmittag, denn nur dann leuchten die Felsen an der Westecke im Sonnenlicht. Friedrich muss ein besonderes Verhältnis zum Lilienstein, der gern als König der Tafelberge bezeichnet wird, gehabt haben. Sechs Zeichnungen sind bekannt. Eine letzte, ein Sepiablatt, zeichnete er am Ende seines Lebens. Das früheste Blatt gibt einen Ausblick vom Borsberg wieder. Nur wenig später zeichnete er den Blick von Prossen. Auf dem Krippener Blatt erhebt sich der Lilienstein hinter Schandau. Als Friedrich 1808 zum Prebischtorgebiet wanderte, deutete er den Lilienstein nur mit einer Linie an. Um 1811 hat er den Lilienstein bestiegen und einen Blick nach Norden gezeichnet.

Caspar David Friedrich_**Elbsandsteingebirge** (Lilienstein im Kreis), 1799, G 111, (Ausschnitt), Staatliche Museen zu Berlin, Kupferstichkabinett

Caspar David Friedrich_**Lilienstein** (Blick von Prossen), 1800, G 224 (Ausschnitt), Privatbesitz

Caspar David Friedrich_**Blick von Krippen nach Schandau mit dem Lilienstein** 27. September 1802, G 352 (Ausschnitt), Verbleib unbekannt

Caspar David Friedrich_**Blick zum Rosenberg** (Lilienstein: vorn, die nach rechts aufsteigende Linie), 1808, G 564 (Ausschnitt), Staatliche Kunstsammlungen Dresden, Kupferstich-Kabinett

Nach dem Aufstieg zur Kleinen Bastei: Blick vom Rand des Rathener Pflanzengartens (Rhododendronpark) auf das Rathener Felsrevier mit der Kleinen Gans. Dieser Blick empfiehlt sich wegen der wunderbaren Übersicht.

Eine Tür versperrte den Zugang zum Aufstieg zum Neurathener Felsentor.

Carl August Richter__**Die Rathener Felsen mit dem Erblehngericht**
um 1818, Stiftung Hasse

Im Anblick der Rathener Felsen vom Rand des Rhododendronparkes kann man schon einmal der Frage nachgehen, wie die Zugänglichkeit der berühmten Punkte vor 200 Jahren war. Die Basteibrücke gab es noch nicht. Durch die Schwedenlöcher führte kein Weg. Die Basteistraße von Lohmen war noch nicht gebaut. Aber das alte Gasthaus Erbgericht an der Elbe existierte schon (erste Erwähnung 1470). Über ihm standen die Reste einer verfallenen Burg.

Wie stand es um die Erreichbarkeit der Bastei zur Zeit Friedrichs? Die tiefe Schlucht der »Mardertelle« war noch nicht überbrückt. Man konnte zwar von Rathen aus hinaufsteigen bis zum Neurathener Felsentor. Aber dort war Schluss. Der älteste Weg zur Basteiaussicht führte aus dem Elbtal durch eine wilde Schlucht mit dem Namen Hoffkluns. Der Aufstieg durch die steile beschwerliche Schlucht war bei dem wachsenden Ansturm der Schweizreisenden keine Lösung. Der Weg durch den Zscherre- und den nassen Höllgrund bot sich nicht wirklich an. Auch hätte man da auf einen Besuch von Wehlstädtel (Stadt Wehlen) verzichten müssen. So ließ der Förster Auerswald 1814 einen neuen Aufstieg zur Bastei aus dem Wehlgrund anlegen. Dieser Weg durch die Vogeltelle war auch steil und mit seinen 487 Stufen beschwerlich. Erst 1816, als die Basteistraße von Lohmen her angelegt wurde, war die Basteiaussicht bequem erreichbar. Aber eben noch nicht von Rathen her. Das wurde erst 1826 mit der hölzernen Basteibrücke gelöst, die die große Schlucht an der Steinschleuder überbrückte. 1850/51 wurde die morsch gewordene Brücke durch eine steinerne ersetzt, die noch heute steht. Langen und heftigen Streit gab es um die

Nach Adrian Ludwig Richter__**Neurathener Felsentor**
1823, Stiftung Hasse

Adrian Ludwig Richter__**Neurathener Felsentor**
1823, Stiftung Hasse

Carl August Richter__**Basteibrücke**
um 1840, Stiftung Hasse

William Turner__**Basteibrücke**
1835, London, Tate Gallery

erste Bewirtschaftung auf der Bastei. Der Rathener Erblehnrichter konnte ihn schließlich für sich entscheiden. In dem Zusammenhang verkaufte er den »Neurathen« an den Forstfiskus. Damit war letztendlich auch der ungehinderte Weg zu diesem Felsentor frei. Bis dahin musste man sich den Schlüssel für den abgesperrten Zugang beim Lehnrichter holen.

Als Friedrich am Neurathener Felsentor seine (verschollenen) Naturstudien machte, gab es nur zwei dürftige Holzstege, die vom Felsentor auf einen Felssporn und von dort zu einem Absatz an der Steinschleuder, führten. Die Radierungen Ludwig Richters zeigen die Situation, wie sie Friedrich erlebte. Es muss die Besucher seinerzeit schon beeindruckt haben, als sie gemauerte Pfeilerreste einer einstigen Brücke gesehen haben.

William Turner hat bei seinem Besuch der Sächsischen Schweiz 1835 die alte Holzbrücke gesehen. Da ging Friedrich längst nicht mehr auf die Bastei. Auf Carl August Richters Ansicht von 1840 erscheint die Brücke noch intakt. Zehn Jahre später musste sie abgerissen werden und wurde durch einen steinernen Neubau ersetzt.

5 → 3 Caspar David Friedrich_**Gamrig**
13. Mai 1808, G 574, Verbleib unbekannt

_Gamrig

Am 12. Mai 1808 hatte Friedrich das Prebischtorgebiet besucht und den Rosenberg und den Kaltenberg gezeichnet. Beide Zeichnungen verwendete er später in Gemälden. Diese Wanderung können wir nicht in unseren Wanderführer aufnehmen, weil das Gebiet im Böhmischen Nationalpark in der Kernzone liegt und aus Naturschutzgründen nicht besucht werden kann.

Am 13. Mai 1808 zeichnete Friedrich den Gamrig bei Rathen 3. Es spricht alles dafür, dass der Maler ein Boot in Herrnskretschen genommen hat, um auf der Elbe schneller Richtung Dresden zu kommen. In Rathen muss er übernachtet haben, denn hier zeichnete er neben dem Gamrig auch den Feldstein (Talwächter 6). Am nächsten Tag dann noch einen »sehr großen Sandstein«, der sich leider nicht mehr finden lässt.

Friedrich hat den Gamrig vom Fuß der Kleinen Gans gezeichnet. Auf der unteren Blatthälfte hat er dessen Umrisse skizziert. Rechts neben der Zeichnung ist notiert: »der Augenpunkt ist fast mit dem Felsen in gleicher Höhe«, darunter »bewölkter Himmel ohne Sonnenlicht, x Mooß, Braun«. Am Standort der am selben Tag entstandenen Talwächterzeichnung ist der Gamrig nicht mehr zu sehen. Er ist durch den Talwächter verdeckt.

Der Gamrig als kleiner Tafelbergrest besticht durch seine Aussicht. Eine Besteigung ist lohnend. Der nicht durch Geländer gesicherte Aussichtsberg erfordert Schwindelfreiheit und etwas Umsicht.

Hinweis: 5 → ist der Standort in der Karte, von dem aus Friedrich die Punkte 3 6 zeichnete. Weil Friedrichs Zeichenstandorte für Gamrig und Feldstein (Talwächter) nur für Kletterer zugänglich sind, werden beide Ansichten auf dem Standort der Talwächterwiese behandelt.

Gamrig: Vergleichsfoto vom Fuß der Kleinen Gans.

Gamrig: Blick aus Richtung Waltersdorf, links im Hintergrund die Lokomotive.

5 → 6 Caspar David Friedrich__**Feldstein (Talwächter)**
13. Mai 1808, G 576, Verbleib unbekannt

Blick von der Talwächterwiese zur Kleinen Gans und zum Talwächter (Feldstein).

__Feldstein

Friedrich zeichnete den Feldstein, eine ältere Bezeichnung für den Talwächter, vom Fuß der Kleinen Gans, präziser aus dem Raaber Kessel 6. Heute wird das kleine Seitental des Amselgrundes, das von hohen Felsen umstanden ist, nur von Kletterern besucht. In ihn führt kein Wanderweg. Hier stehen hohe Fichten, die den Blick versperren. Anfang des 19. Jahrhunderts war der Grund weitgehend waldfrei und wurde zur Waldweide genutzt. Die Schweizreisenden haben ihn gern besucht, wie mehrere zeitgenössische Ansichten zeigen. Wir werden an den Talwächterblick auf der Bastei (10) erinnern, der den Felsen etwa aus der Richtung zeigt, wie ihn Friedrich gezeichnet hat, auch wenn der Standort etwas verschoben und höher gelegen ist.

Von der großen Wiese unter dem Talwächter (Abbildung linke Seite) haben wir den Talwächter (Feldstein) selbst im Blick, wenn auch aus einer anderen Perspektive und ebenfalls auch die Kleine Gans.

Johann Gottlob Schumann nach Johann Gottfried Jentzsch__**Im Rabenkessel** Anfang 19. Jahrhundert, Stiftung Hasse

Blick vom Feldkopf über den Talwächter in den Raaber Kessel.

6 Caspar David Friedrich__**Der Feldstein bei Rathen**
um 1828, G 914, Nürnberg, Germanisches Nationalmuseum

Beim hier gezeigten Blick auf den Feldstein (Talwächter) ist es eine interessante Frage, ob Friedrich das Motiv gesucht hat oder ob er sich vom Natureindruck überraschen ließ. Die Standorte für die Talwächter- und Gamrigzeichnung liegen nur geringfügig auseinander. Und doch ist das Talwächtermotiv insofern überzeugend, weil die Hintergrundfelsen durch die leichte Untersicht verdeckt sind und das Bild nicht beeinträchtigen. Das Vergleichsfoto (großes Foto) ließ sich aktuell nur aus einer etwas höheren Perspektive aufnehmen. Und da überragt der Feldkopf störend den Talwächter. Beim Blick zum Gamrig (unteres Panorama-Bild) hätte er auch den Talwächter im Bild. Hier wirkt er aber gedrungener, nicht so schlank und erhaben wie auf Friedrichs Zeichnung.

Talwächter (Feldstein), Vergleichsfoto vom Fuß der Kleinen Gans aus dem Raaber Kessel.

Blick zu Gamrig und zu Talwächter vom Fuß der Kleinen Gans.

4 Caspar David Friedrich__**Kleine Gans**
um 1826, G 874, Lübeck, St. Annen-Museum

__Kleine Gans

Wie schon erwähnt, erfahren wir aus einem Tagebuchfragment Friedrichs von 1803 die Fertigstellung eines Bildes von der Kleinen Gans (siehe S. 43), »weil es ein schönes Ding im Gegenstand ist«. Die frühe Studie zu diesem Blatt muss verschollen sein. Ob sie als Vorlage für das spätere Aquarell diente, lässt sich nicht sagen.

Der Zeichenstandort für den Gans-Blick befand sich im Amselgrund und nicht wie beim Vergleichsfoto auf der Talwächterwiese. Der Blick aus dem Amselgrund ist heute durch Bäume verstellt.

Der Hang unterhalb vom Gansfelsen war nur locker bewaldet. Die Felsen sind etwas überhöht dargestellt. Friedrichs Beobachtung ist sehr genau. Links ist die Wehlnadel zu sehen, auf deren Gipfel ein großer Felsblock liegt. Rechterhand vom Kleinen Gansfels ist der Raaber Kessel angedeutet.

Kleine Gans: Vergleichsfoto von der Wiese unter dem Talwächter, alternativer (aber idealer) Betrachtungsstandort zu Friedrichs Aquarell.

Caspar David Friedrich_**Sehr großer Sandstein**
14. Mai 1808, G 565 (Ausschnitt), Staatliche Kunstsammlungen Dresden, Kupferstich-Kabinett

Amselgrund, Honigstein __und Amselhöhle

Beim Wandern durch den Amselgrund entdeckte Friedrich 1802/03 die hochaufragende ebenmäßige Pyramide des Honigsteinmassives – für ihn als tiefreligiösen Menschen **das** Gottesmotiv schlechthin (8). In großer Erregung skizzierte er die Umrisse des Berges. Aus dieser flüchtigen Zeichnung entwickelte er mehrere Bergdarstellungen, alle mit einem Kreuz – als Höhepunkt dieser Kreuzlandschaften sei das **Kreuz im Gebirge (Tetschener Altar)**, in dem die Honigsteinpyramide indirekt erscheint.

Hinweis: Die westliche Spitze des Honigsteinmassives, die Friedrich aus dem Amselgrund gezeichnet hat, ist heute wieder sichtbar geworden, nachdem einige Bäume gefällt wurden. Allerdings weicht der Standpunkt der Fotoaufnahme gegenüber Friedrichs Zeichenstandort etwas ab.

(8)

Caspar David Friedrich__**Felsmotiv** (Honigstein) 1802/03, G 292 verso, Hamburger Kunsthalle
Die schwachen Konturen sind nachgezeichnet.

Honigstein: Vergleichsfoto, Blick aus dem Amselgrund.

Blick über den Amselgrund zum Honigstein: Aus dem Tal ist der freie Blick wegen des Hochwaldes nicht möglich.

(8) Caspar David Friedrich__**Fels- und Baumstudien (Amselgrund mit Honigstein)**
um 1810, G 605, Staatliche Kunstsammlungen Dresden, Kupferstich-Kabinett

Fels- und Baumstudien (Amselgrund): Vergleichsfoto. Der Honigstein ist durch die Bäume verdeckt. Der Weg zum Amselfall wurde so ausgebaut, dass er befahrbar ist. Damit verschwanden größere Felspartien am Wegesrand.

Der Honigstein in:
Caspar David Friedrich__**Reife, Herbst, Abend**
1803, G 367, Staatliche Museen zu Berlin, Kupferstichkabinett

Der Honigstein in:
Caspar David Friedrich__**Gebirge im Nebel**
um 1804/05, G 378, Staatsgalerie Stuttgart

Der Honigstein in:
Caspar David Friedrich__**Morgennebel im Gebirge**
um 1807, BS/J 166, Rudolstadt, Thüringer Landesmuseum Heidecksburg

(8) Caspar David Friedrich__**Das Kreuz im Gebirge** (Tetschener Altar)
1808, BS/J 167, Staatliche Kunstsammlungen Dresden, Albertinum

Im Felsen, auf dem das Kruzifix steht, verbigt sich neben verschiedenen Hinzufügungen die Zeichnung des Honigsteines.

9

Caspar David Friedrich__**Amselhöhle**
1802/03, G 292 recto, Hamburger Kunsthalle.

Amselhöhle: Vergleichsfoto.

Blick in den Amselgrund
mit der Amselfallbaude.

Der Kleine Amselfall.

Vor der Amselhöhle steht die Amselfallbaude. Hier ist der Amselgrund schmal und wild. Steile Felswände begleiten den Wanderer bergauf. Nachdem ein kleiner Wasserfall passiert ist, der meist übersehen wird, wird der Weg wieder flacher. Die Amselhöhle (9) mit dem künstlichen Wasserfall zählte im frühen Fremdenverkehr zu den Rathener Höhepunkten. Die ersten Bilder schuf Adrian Zingg. Die Amselhöhle gehörte zu den am meisten dargestellten Orten der Sächsischen Schweiz. Wegen Felssturzgefahr gibt es Sicherungsmaßnahmen, die das Erlebnis leider beeinträchtigen. Deshalb ist auch die Nationalpark-Informationsstelle geschlossen.

Blick von der Basteiaussicht: Friedrich muss den Fernblick nach Böhmen wahrgenommen haben, auch wenn keine Zeichnung existiert. Den Fernblick mit Rosenberg, Kaiserkrone und Zirkelstein finden wir im **Wanderer über dem Nebelmeer**.

Basteiaussicht und Felsentor Neurathen

Es kann nicht anders gewesen sein, Caspar David Friedrich muss sich für die Aussicht von der Basteiaussicht interessiert haben (10). Der Blick über die weite Landschaft ist so suggestiv, dass man sich ihm nicht entziehen kann. Aus der Ferne grüßt der Rosenberg in Böhmen, dem Friedrich 1808 bei seiner Wanderung ins Prebischtorgebiet ganz nahe gekommen ist. Unmittelbar vor den Augen baut sich der Lilienstein auf, den er mehrfach gezeichnet hat. Tief unten die Elbe. Wir sehen die Grünbachmündung am rechten Fähranleger, wo Friedrich 1806 gezeichnet hat. Johan Christian Dahl, der Malerfreund, hat die Basteiaussicht gemalt. Carl Gustav Carus berichtet, wie er seine Mutter mit verbundenen Augen auf die Aussicht geführt hat, um ihr das Aha-Erlebnis des grandiosen Ausblickes zu bieten. Friedrich mag sich von dem Trubel, der schon zu seiner Zeit hier herrschte, lieber zurückgezogen haben. Etwas tiefer, wo der Pfad zur Aussicht auf den Ferdinandstein abbiegt, hat er sein Motiv gefunden. Den Blick über die tiefe Schlucht zum *Neurathener Felsentor* (11). Das zeichnet er. Daraus macht er später seine **Felsenschlucht**, dieses anrührende Bild mit den Nebelfetzen, die aus dem Grunde züngeln. Mit den Felsen, die wie die Finger einer Hand in den Himmel zeigen. Der Baumstumpf an prominenter Stelle im Vordergrund, dessen Farbe uns etwas sagen will. Vielleicht ist das ein verhaltener Hinweis auf die Zerstörung der Natur durch den Menschen? Ein eindringliches Bild, geheimnisvoll und erhaben.

(10) J. F. Schmidt nach Johan Christian Dahl__**Auf der Basteiaussicht**
1819, Staatliche Kunstsammlungen Dresden, Kupferstich-Kabinett

11 Caspar David Friedrich__**Felsenschlucht**
um 1822/23, BS/J 301, Kunsthistorisches Museum Wien

(11) Caspar David Friedrich__**Das Tor auf dem Neurathen** 1837–1840, G 990, St. Petersburg, Staatliche Eremitage

Neurathener Felsentor: Vergleichsfoto, Blick vom Weg zur Ferdinandaussicht.

Auf dem Aquarell **Das Tor auf dem Neurathen** ist im Bereich der Felsspitzen der Hintergrund mit dem Blick zum Rosenberg und Zirkelstein schwach angedeutet, ein Beleg, dass Friedrich den Fernblick wahrgenommen hat, wie er ihn offensichtlich im **Wanderer über dem Nebelmeer** verwendete. Entsprechende Naturstudien sind nicht bekannt.

Felsenburg Neurathen mit Blick zum Klettergipfel Lokomotive auf dem Honigsteinriff.

Blick von der Ferdinandaussicht auf die Felsenburg Neurathen.

Blick von der Bastei zum Rosenberg mit Kaiserkrone
und Zirkelstein.

Hohnstein und Umgebung

Abb. rechts:
Blick von der Brandaussicht
zum Lilienstein

Wanderroute

Beginn an der »Hocksteinschänke« (1) oder am Hocksteinparkplatz. Weg über den Hockstein und durch die Wolfsschlucht ins Polenztal. Kurzer Abstecher nach links (2), dann Weg an der Polenz bis zum Abzweig Kohlichtgraben (3). Weiter bis Abzweig Schindergraben (4). Im Schindergraben die Punkte (5) und (6). In Hohnstein am Markt Punkt (7). Weg zur Brandaussicht. Abstieg zum Tiefen Grund über die Brandstufen. Pfad rechts vom Bach im Tiefen Grund bis zum Polenztal (8), (9). Polenztal aufwärts (10), (11) bis Abzweig Kohlichtgraben. Diesen hinauf zum Hocksteinparkplatz. (Der Weg lässt sich abkürzen, wenn man im Polenztal am Wanderparkplatz an der Polenzbrücke beginnt.)

Gesamtlänge: ca. 15 km
Anforderungen: je zwei steile Ab- und Anstiege, Trittsicherheit erforderlich
Empfohlene Wanderkarte: Böhm-Karte *Brand-Hohnstein* 1:10000

Hinweis:

Der letzte Punkt von Friedrichs Wanderung im Juli 1800 war Prossen an der Elbe, wo er den Blick zum Lilien- und Königstein gezeichnet hat. Eine Wanderung durchs Lachsbachtal entlang der Straße ist nicht empfehlenswert. Prossen kann man sich in Verbindung mit Bad Schandau erschließen.

Erläuterung zur Karte / **Caspar David Friedrichs Motive**

(1) Hohensteiner Blätter__**Sitzplatz unter Bäumen** (2) Blick zur heutigen »Russigmühle«__**Polenztal** (3) Huflattich und Pestwurz__**Pflanzenstudien** (4) Felsbrocken in der Polenz__**Bachstudien, Felsblöcke** und **Brückensteg** (5) **Felsen im Schindergraben** (6) **Ruine im Schinderloch** (7) Blick vom Gasthaus »Weißer Hirsch« zur Burg Hohnstein__**Hohnstein, Burg** (8) Blöcke im Tiefen Grund (verschwunden)__**Felsblöcke und Bäume** (9) Nicht lokalisierte Felsen__**Hang mit Felsblöcken und Figur, Brückensteg, Felsstudie mit Figur** (10) Bedeutendes Tannenvorkommen__**Baumstudien: Tannen und Fichten** (11) Felsblöcke im Polenzbach, siehe (4)

Zur Einstimmung

Caspar David Friedrich unternahm im Juli 1800 eine viertägige Wanderung im Gebiet um Hohnstein. Offensichtlich benutzte er einen Abschnitt der damals üblichen Standardroute (heute Malerweg). Die erste Zeichnung ist mit 7. Juli 1800 datiert und zeigt Felsblöcke an einem Bach (2). Es ist plausibel, dass Friedrich von der »Hocksteinschänke« kommend, den Hockstein umgehend, hinab ins Polenztal gewandert ist und dort zeichnete. Die Teufelsbrücke, die heute zum Hocksteinfelsen führt, existierte damals noch nicht. Wollte man den Hockstein besteigen, so musste man sich auf ein wildes Abenteuer einlassen. Karl August Engelhard hat es in den »Mahlerischen Wanderungen durch Sachsen« (1794) beschrieben. Ob Friedrich eine Besteigung gewagt hat, wissen wir nicht. Wir aber wählen unseren Weg über den Hockstein, schon wegen des besonderen Einstieges in das Landschaftserlebnis.

Da Friedrich am 8. Juli nachweislich im Schindergraben und in Hohnstein gezeichnet hat, ist es berechtigt, die gezeichneten Felsblöcke vom Vortag im Polenztal zu suchen (4). Allerdings müssen wir zur Kenntnis nehmen, dass das Polenztal inzwischen durch den Straßen- und Wegebau sehr stark verändert wurde. Wir finden zwar noch immer Felsen am Polenzufer, aber es ist wohl nicht anzunehmen, dass es dieselben sind wie zu Friedrichs Zeit.

Friedrich muss in Hohnstein übernachtet haben, wahrscheinlich im Gasthaus »Zum Hirsch«. Aus der Laube des Gasthauses hat er die Einfahrt der Burg Hohnstein gezeichnet (7). Während Friedrich am 9. Juli 1800 zum zweiten Mal im Schindergraben zeichnete, lässt sich erst wieder die in Prossen an der Elbe entstandene Zeichnung vom 10. Juli lokalisieren (9). Wir wissen nicht, ob Friedrich auf der Brandaussicht war. Es ist zwar anzunehmen, dass er die hochgerühmte Aussicht besucht hat und von hier in den Tiefen Grund abgestiegen ist (hier müsste das schöne Hamburger Blatt mit den großen Felsblöcken enstanden sein (8)), doch das lässt sich nicht sicher belegen. Zieht man zeitgenössische Ansichten zum Vergleich heran, dann bekommen wir ein Bild von dem damals wilden Tiefen Grund, in dem sich der Weg von Schandau kommend hinauf nach Hohnstein durch gewaltige Steinmassen schlängelte. Als man Ausgang des 19. Jahrhunderts die Fahrstraße baute, wurden die Felsblöcke weitgehend beseitigt.

Auch wenn wir in der Umgebung von Hohnstein bis auf wenige Abschnitte keinen eindeutig bestimmbaren Caspar David Friedrich-Weg fixieren können, so lassen sich doch Friedrichs Spuren an vielen Stellen finden. Nicht zuletzt bei unserer Wanderung durchs Polenztal, wenn wir unseren Blick auf die Pflanzen und Bäume richten. Zwischen der »Polenztalbrücke« und dem »Gasthaus zum Polenztal« findet der aufmerksame Wanderer direkt am Weg Beinwell (3), eine Pflanze, die Friedrich mehrfach gezeichnet hat. Auf halben Weg zwischen »Waltersdorfer Mühle« und »Gasthaus zum Polenztal« stehen die bedeutendsten Tannenvorkommen der Sächsischen Schweiz (10). Sowohl riesige ausgewachsene Bäume jenseits des Baches, erkennbar am silbern schimmernden Stamm und der runden Kronenform, als auch junge Tannen am Waldhang direkt am Weg. Überall begegnen wir Pestwurz und Huflattich (3).

Auf dem Rundweg, den der Wanderführer beschreibt, begegnen wir allen Motiven Friedrichs auf authentische Art und Weise, auch wenn der eine oder andere Stein in seiner konkreten Form abweicht. Dass die Route nicht dem Weg durch das Lachsbachtal bis zur Elbe folgt, wird man verstehen, wenn man Verkehr und Bebauung des Tales in Betracht zieht. Auf den Prossener Blick zur Festung Königstein und zum Lilienstein wird verwiesen.

Friedrich wohnte im Jahr 1800 Am Festungsgraben 26 in Dresden u.a. mit Johann Phillipp Veith, einem Zeichner, Radierer und Kupferstecher, zusammen, der 1794/95 den Reiseschriftsteller Karl August Engelhard auf seiner Wanderung durch die Sächsische Schweiz begleitet hat. Veith konnte Friedrich wertvolle Ratschläge geben, was die Hohnsteinwanderung betraf. In den »Mahlerischen Wanderungen« wird der Weg auf der alten Wartenbergstraße ins Polenztal beschrieben:

> »Auf einmal befanden wir uns auf dem, Hohnstein gegenüberliegenden und ziemlich eben so hohen Wartenberge [...]. Ein dunkler Waldweg geht steil in das, zwischen dem Hohnsteiner Felsen und dem Wartenberge liegende, Thal, durch welches sich die Polenzbach schlängelt. Zur rechten scheint ein majestätischer Felsen, der Hockstein, gleich den Ruinen einer alten Veste, das Tal zu begränzen.«[16]

Am nächsten Tag bestieg Engelhard unter Führung eines Kuhjungen den »fürchterlich schönen« Hockstein, eine abenteuerliche und gefährliche Tour, während Veith im Polenztal zeichnete. So mag es auch Friedrich gehalten haben, indem er auf eine Besteigung des Hocksteines verzichtet hat. Bei unserer Friedrich-Wanderung jedoch beziehen wir den Hockstein ein. Nachdem wir die 1821 erbaute Teufelsbrücke passiert haben, erfreuen wir uns an der grandiosen Sicht übers Polenztal und steigen durch die inwischen mit Eisenleitern erschlossene wilde Wolfsschlucht, die durch enge Felsspalten ins Tal führt.

Die Hohnsteiner Naturstudien

_Datum		_Bezeichnung	_Lokalisierung
7. Juli 1800	unterer Teil	Baumgruppe, Felsblöcke	Polenztal
7. Juli 1800		Felsstudien	Polenztal
8. Juli 1800	oberer Teil	Polenztal	Polenztal
	unterer Teil	Burg Hohnstein	Hohnstein, Burg
8. Juli 1800		Ruine im Schinderloch	Schindergraben
9. Juli 1800		Felsen im Schinderloch	Schindergraben
9. Juli 1800		Brückensteg, Felsblöcke	Polenztal/Schindergraben
9. Juli 1800		Große Felsblöcke	Tiefer Grund oder Polenztal
10. Juli 1800		Hang mit Felsblöcken und Figur	Tiefer Grund oder Polenztal
10. Juli 1800		Brückensteg, Felsen mit Figur	Tiefer Grund oder Polenztal
10. Juli 1800		Blick zu Lilienstein und Königstein	Prossen, am Elbhang

(1) Caspar David Friedrich__**Sitzplatz unter Bäumen**
1806, G 456, Oslo, Nationalmuseum

Auch wenn das Blatt später gezeichnet wurde, beziehen wir es in unsere Wanderung ein.

Sitzplatz unter Bäumen: Der besondere Sitzplatz befindet sich vor der altehrwürdigen »Hocksteinschänke«. Die ersten Gebäude der Bergschänke stammen von 1797.

___Im Polenztal I

Im Polenztal stand Friedrich bei seiner ersten Zeichnung am Übergang des Granit- zum Sandsteingebietes, wo das Tal von seiner V-Form in die typische U-Form wechselt und von schroffen Felswänden flankiert wird. Auf der Zeichnung ist auf dem rechts ansteigenden Weg eine Figur zu sehen (2).

Bevor Friedrich hinauf nach Hohnstein stieg, muss er sich am Polenzufer aufgehalten haben, denn wo sonst sollte er die Felsen am und im Bach gezeichnet haben. Bei der Polenzbrücke muss er die ersten Sandsteinbrocken am Bachufer gesehen haben.

(2) Caspar David Friedrich___**Felsblöcke am Bach** (Ausschnitt), 7. Juli 1800, G 213 verso, Hamburger Kunsthalle

(2) Caspar David Friedrich___**Felsblöcke am Bach** (Ausschnitt) , 7. Juli 1800, G 213 verso, Hamburger Kunsthalle

Felsblöcke an der Polenz.

(2) Caspar David Friedrich__**Polenztal**
Juli 1800, G 219 (oberer Teil des Blattes), Verbleib unbekannt

Polenztal oberhalb der Brücke, Blick flußaufwärts
Richtung »Russigmühle«.

Friedrichs __Pflanzenstudien

Im Sommer 1799 begann Caspar David Friedrich mit Pflanzenstudien. Möglicherweise gehörten diese bei Adrian Zingg, dem Lehrer an der Kunstakademie, zur Voraussetzung von Landschaftsdarstellungen. Oder aber der junge Maler wollte sich auf einem neuen Feld erproben.

> »Friedrich wählt bald immer kompliziertere Motive, vielteilige Stauden mit bizarren Blättern, Weingewinde, Kombinationen von Ranken, verschiedenen Kräutern und Gräsern, und erfaßt ihre Vielfalt mit meisterlicher Leichtigkeit.«[17]

Bei unserer Wanderung im Polenztal können wir einige von Friedrich gezeichnete Pflanzen entdecken und vergleichen. Gleich zu Beginn treffen wir auf Beinwell, dessen Blätter und charakteristische Blüten mehrfach in den Berliner Skizzenbüchern von 1799/1800 zu finden sind. Direkt am Abzweig des Kohlichtgrabens (4) und auch unmittelbar am Eingang des Schindergrabens sind Beinwellstauden zu finden. Die am 8. August 1799 gezeichnete Beinwellstudie hat Friedrich 1808 in seinem Gemälde **Sommer** verwendet. Auch Huflattich

(3) Caspar David Friedrich__**Pflanzenstudien (Huflattich und Beinwell)** 26. Juni 1799, G 121 recto (Blatt oben beschnitten), Staatliche Museen zu Berlin, Kupferstichkabinett

③ Caspar David Friedrich__**Pflanzenstudien (Huflattich)**, 26. Juni 1799, G 161 recto, Staatliche Museen zu Berlin, Kupferstichkabinett

Huflattich *Tussilago farfara*.

③ Caspar David Friedrich__**Pflanzenstudie (Pestwurz und Distel)**, 7. August 1799, G 166 recto, (Ausschnitt), Staatliche Museen zu Berlin, Kupferstichkabinett

Pestwurz *Petasites albus*.

und vor allem Pestwurz treffen wir häufig im Polenztal an, wobei die Unterscheidung beider Pflanzen von der Blattform her schwierig ist. Zumal Friedrich die Blattränder selten eindeutig botanisch genau gezeichnet hat. Dann müsste bei Pestwurz der gezackte Rand deutlich ins Auge fallen. Beide Blätter können rund als auch herzförmig sein.

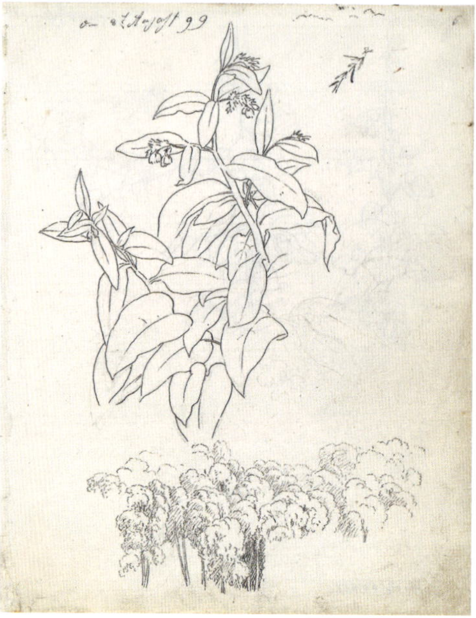

(3) Caspar David Friedrich_**Pflanzenstudie (Beinwell)**
8. August 1799, G 167 recto, Staatliche Museen zu Berlin, Kupferstichkabinett

(3) Caspar David Friedrich_**Sommer I**
1808, BS/J 164 (Ausschnitt), München, Neue Pinakothek

Echter Beinwell *Symphytum officinale.*

Friedrich besucht __den Schindergraben

Am 8. Juli 1800 wanderte Friedrich durch den Schindergraben hinauf nach Hohnstein. Er hatte Felsen im Polenztal gezeichnet, bevor er den Wildbach mittels einer kleinen Holzbrücke überquerte, die er ebenfalls zeichnete. Neben den Felsen steht eine handschriftliche Notiz, die nur zum Teil zu entziffern ist »**Sch...**«. Auch wenn wir letzte Sicherheit nicht haben können, dass Friedrich genau hier am Eingang des Schindergrabens seine Motive gefunden hat, spricht vieles für diese Stelle. Vor wenigen Jahren hat man die kleine Holzbrücke abgerissen und durch eine eiserne ersetzt. Die hölzerne kam Friedrichs Zeichnung weitaus näher. Im Schindergraben zeichnete Friedrich dann einen markanten Felsen und eine »Ruine im Schinderloch«. Es handelt sich um den noch heute existierenden unteren Ausgang des Hohnsteiner Bärengartens.

(4) Caspar David Friedrich__**Felsblöcke am Bach**
Juli 1800, G 222 verso (Ausschnitt), Hamburger Kunsthalle

Felsblöcke an der Polenz.

Felsblöcke an der Polenz.

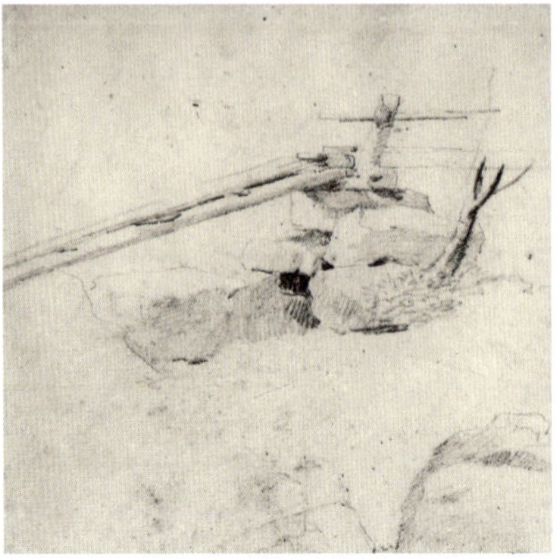

(4) Caspar David Friedrich__**Brückensteg**
10. Juli 1800, G 224 recto (Ausschnitt), Privatbesitz

Ehemalige hölzerne Polenzbrücke am Eingang vom Schindergraben, 2004: Der Brückensteg befindet sich am Beginn des Schindergrabens. Vor wenigen Jahren wurde die kleine hölzerne Brücke durch die heutige Eisenkonstruktion ersetzt.

(4) Caspar David Friedrich__**Brückensteg**
Juli 1800, G 222 verso (Ausschnitt), Hamburger Kunsthalle

Schindergraben I: im Frühling reizvoll, nicht zuletzt wegen der üppigen Vegetation.

Schindergraben II: auch im Winter reizvoll, aber schwierig durch den vereisten Weg.

5 Caspar David Friedrich__**Felsen im Schinderloch**
9. Juli 1800, G 221 verso, Staatliche Kunsthalle Karlsruhe

Es ist ein stiller Weg, den wir in dem romantischen Grund mit dem eigenartigen Namen *Schindergraben* hinaufsteigen. Der Name geht auf den sogenannten Abdecker zurück, der tote Tiere zu beseitigen hatte. Dort, wo der Weg steiler wird, liegt rechterhand ein riesiger Felsblock. Diesen hat Friedrich gezeichnet (5). Sein Begleiter scheint der Kleidung nach keiner der einheimischen Führer gewesen zu sein, sondern eher ein Städter.

Die Stelle muss Friedrich beeindruckt haben, denn er ging, nachdem er in Hohnstein übernachtet hatte, noch einmal in den Schindergraben zu diesem Felsen.

Schindergraben: im Hintergrund ist der Felsen zu erkennen, den Friedrich gezeichnet hat.

Felsen im Schindergraben.

(6) Caspar David Friedrich__**Ruine im Schinderloch**
8. Juli 1800, G 221 recto, Staatliche Kunsthalle Karlsruhe

Ruine im Schindergraben.

Wilhelm Leberecht Götzinger schrieb 1786:

»Die öfters hier [in den Hohnsteiner Wäldern] gefangenen Bäre gaben auch zu Anlegung des hiesigen Bärgartens Anlaß, welches im Jahr 1609 geschahe. Es ward hierzu der tiefe enge Grund hinter dem Schloße gewählt, welcher auf zwei Seiten von einer Reihe der höchsten Felsen eingeschlossen ist, und dessen offenen schmalen Seiten mit einer hohen Mauer befestiget wurden. Auf der obern Seite, nach dem Städtgen zu, sind die Bärenfänge noch zu sehen, und auf der niedern Seite, steht das Wasserhaus, in welchem noch große Räder hängen, durch welche die außerordentlich starken mit Eisen beschlagenen Gitter, die den Bären den Ausgang durch das durchfließende Wasser verhindern sollten, aufgezogen wurden. Die Bäre pflanzten ihr Geschlecht in diesem Garten fort, und sind in demselben bis auf die neuern Zeiten aufbehalten, und dann zu Hatzen nach Dresden

(6) Christian August Günther__**Schloß Hohnstein**
um 1790, Wien, Albertina

oder Sedliz abgeholt worden. Da sie aber bisweilen übergestiegen waren, und in den Wäldern großen Schaden verursacht hatten, so wurden sie alle auf Köngl. Befehl von dem hiesigen Förster in dem Bärgarten um 1756 erschossen.«[18]

Hat sich Caspar David Friedrich von dieser Geschichte anregen lassen, diese Ruine (6) zu zeichnen? Oder hat er sich an Vorbildern orientiert, an Adrian Zingg oder dessen Schüler Christian August Günther, die ebenfalls die Ruine gezeichnet hatten? Oder erwachte hier Friedrichs Interesse an Ruinen schlechthin? Denn in seinem gesamten späteren Werk spielen Ruinendarstellungen eine besondere Rolle. Die Schubkarre, den Kopf, die Aststudien hat er einen reichlichen Monat später auf den freien Raum des Blattes gezeichnet.

Zwischen Hohnstein und Brandaussicht

Mehr als diesen Blick auf den Burgeingang verrät uns Caspar David Friedrich nicht von Hohnstein. Bei den nächsten Studien handelt es sich wieder um Felsen. Trotzdem irren wir uns wohl nicht, wenn wir annehmen, dass der Maler seinen weiteren Weg über die berühmte Brandaussicht genommen hat und von dort in den Tiefen Grund hinabgestiegen ist. Der Weg zum Brand führt bequem über die Hochfläche durch unterschiedliche Waldungen. Anfangs dominieren Fichte und Kiefer. Je näher wir zur Brandaussicht kommen, umso mehr bestimmen prachtvolle Buchen das Bild. Es gibt mehrere Wegvarianten. Die in der Karte markierte Route vermeidet ein größeres Stück der vielbegangenen Brandstraße.

(7) Caspar David Friedrich__**Burg Hohnstein**
8. Juli 1800, G 219 (unterer Teil des Blattes), Verbleib unbekannt

Blick zu Burg Hohnstein vom Gasthaus »Weißer Hirsch«.

Blick auf die Kirche von Hohnstein: rechts ist das Gasthaus »Weißer Hirsch« zu sehen, in dem Friedrich wahrscheinlich übernachtet hat.

Stille Waldwege führen zur Brandaussicht.

Auf dem Weg zum Brandaussicht.

Der letzte Wegabschnitt zur Brandaussicht führt durch prachtvollen Buchenwald.

Die alten Nachrichten von der zweitberühmtesten Aussicht der Sächsischen Schweiz sind spärlich. Die Pastoren Nicolai (1801) und Götzinger (1804) verweisen in ihren Reisebeschreibungen auf Brände, die der Stelle den Namen gegeben haben sollen. Sie preisen die Aussicht, die vom Erzgebirge bis nach Böhmen reicht. Eine Illustration im Taschenbuch Albina (1818) zeigt schon die touristische Erschließung, um die sich der Revierförster Ludwig Jacob von Carlowitz, der von 1815 bis 1823 in Hohnstein amtierte, verdient gemacht hat. Er ließ in einer Felsgrotte einen Spruch von Moritz August von Thümmel anbringen, der sicher auch Friedrich gefallen hätte. Noch um 1830 gab es kein Geländer an der Aussicht und das Brandgasthaus war noch nicht gebaut.

Als Abstieg zum Weiterweg nach Schandau durch den Tiefen Grund wird der Forstgraben genannt. Die Brandstufen waren um 1800 offensichtlich nicht begehbar, obwohl eine eingemeißelte Jahreszahl 1751 auf den Weg hinweist. 1824 wurde der Steilaufstieg erneuert.

In unserem Wanderführer empfehlen wir den Abstieg über die Brandstufen, um im Tiefen Grund den Weiterweg auf der vielbefahrenen Straße zu vermeiden. Der alte Weg durch den Forstgraben ist zwar auch reizvoll, bietet aber nichts Neues.

Johann Carl August Richter_**Brandaussicht**
um 1830, Stiftung Hasse

Carl August Richter_**Bei der Brandaussicht**
1818, Stiftung Hasse

Inschrift in der Thümmelgrotte, 2022 restauriert.

Abstieg vom Brand in den Tiefen Grund über die Brandstufen (mit der Jahreszahl 1751).

__Der Tiefe Grund

Vieles spricht dafür, dass Friedrich die hier abgebildeten Felsblöcke (8) im Tiefen Grund gezeichnet hat. Doch eine Lokalisierung ist aussichtslos. Der Straßenbau um 1750 hat die Talsohle grundlegend verändert. Auch die Hänge wurden in Mitleidenschaft gezogen. Die landschaftliche Situation des Tiefen Grundes um 1800 schilderte Karl August Engelhard (1795) in seinen »Mahlerischen Wanderungen« sehr anschaulich:

> »Zwei Felsenketten von mehr als hundert Ellen Höhe, die oft so dicht beisammen stehen, daß nur das Bette des Bachs und ein schmaler Steig für den Wandrer bleibt, bilden den sogenannten tiefen oder Schandauer Grund. Die Felsen bestehen alle aus blendend weissem Sandsteine, zwischen und auf welchem die Tannen und Fichten pittoreske Schattierungen geben. Oft hängen große Wölbungen und Blöcke so weit über den Weg, daß man sich nicht ohne eine gewisse Ängstlichkeit darunter wegschleichen kann; und auf die obersten Höhen, ja bisweilen nur auf einen Vorsprung, hat die Natur Steinblöcke von den sonderbarsten Formen ganz frei hingelegt [...].
> Der Bach liegt voll der größten Steinklumpen, die nach und nach herabrollten und dem Wanderer die beständige Erinnerung zu geben scheinen, daß er sich vorsehen solle.«[19]

(8) Caspar David Friedrich__**Felsblöcke und Bäume**
9. Juli 1800, G 222 recto, Hamburger Kunsthalle

8 Adrian Zingg__**Auf der Straße von Hohnstein nach Schandau**
um 1795, Hamburger Kunsthalle

8 Robert Batty/William Alexander Le Petit__**Partie im Tiefen Grund**
1827, Stiftung Hasse

8 Caspar David Friedrich__**Ausblick ins Elbtal**
1815, BS/J 163, Staatliche Kunstsammlungen Dresden, Albertinum

Die Zeichnung von Zingg, auf der ausdrücklich die Straße durch den Tiefen Grund benannt ist, und der Stahlstich von Batty/Le Petit illustrieren Engelhards Schilderung und bestärken die Annahme, dass Friedrich dieses Felsmotiv hier gefunden hat.

In dem Dresdner Gemälde **Ausblick ins Elbtal** hat Friedrich einen Abschnitt des böhmischen Elbtales oberhalb von Děčín/Tetschen dargestellt. Im Vordergrund finden wir Teile der Felsstudie vom 9. Juli 1800. Fünfzehn Jahre nachdem er die Felsblöcke auf seiner Hohnsteiner Wanderung gezeichnet hatte, fügte er sie in die Landschaft ein, als hätten sie schon immer dort gelegen. Dabei ist es eine reine Konstruktion.

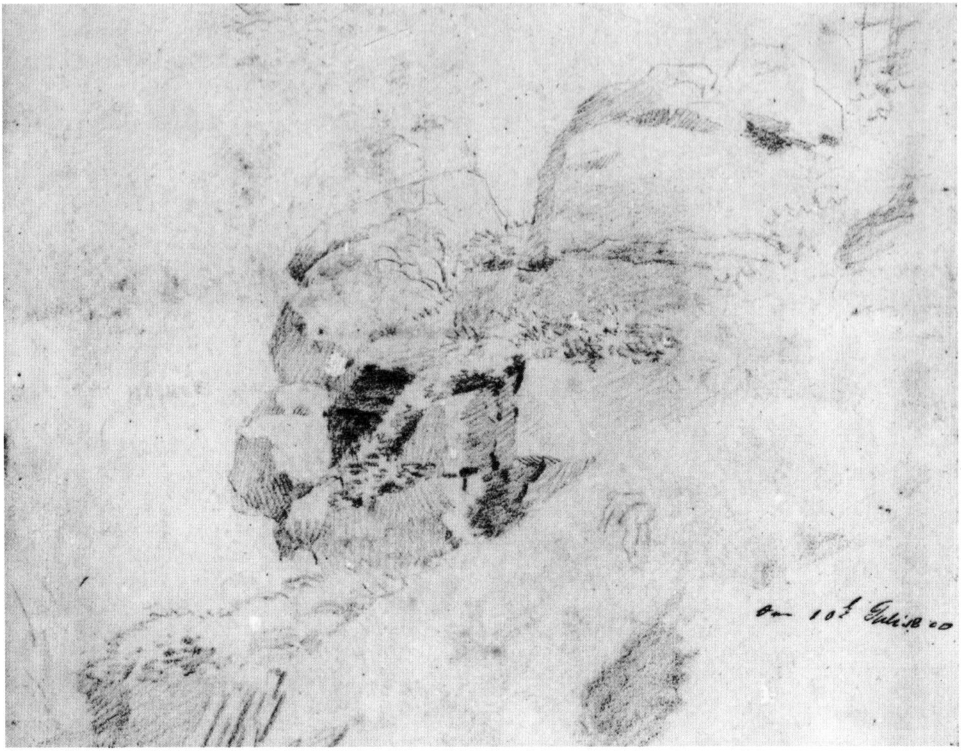

9 Caspar David Friedrich__**Hang mit Felsblöcken und Figur**
10. Juli 1800 (Ausschnitt), G 224 recto, Privatbesitz

9 Caspar David Friedrich__**Felsstudie mit Figur**
10. Juli 1800 (Ausschnitt), G 223, Verbleib unbekannt

Vergleichsfoto einer ähnlichen Situation im Tiefen Grund.

Vergleichsfoto einer ähnlichen Situation im Tiefen Grund.

Um das Jahr 2000 hat die Nationalparkverwaltung einen Pfad im Tiefen Grund angelegt, der eine Wanderung durch den Grund jenseits der Fahrstraße ermöglicht. Im Auf und Ab bekommt man auch heute noch wenigstens einen schwachen Eindruck von der einstigen Wildheit des Grundes. Heutzutage darf man sich allerdings nicht durch den katastrophalen Waldzustand abschrecken lassen.

Wenn wir aber mit wachen Augen durch den Tiefen Grund wandern, dann bekommen wir ein Gefühl für Friedrichs Interesse an den Steinen und Felsengruppen. Wenn wir die Felsblöcke vom 9. Juli 1800 (S. 94) in seinem Gemälde **Ausblick ins Elbtal** wiederfinden, dann wird die Bedeutung dieser Naturstudien eindrucksvoll untermauert.

Auf den beiden hier abgebildeten Zeichnungen ist wieder eine Figur zu sehen (9). Offenbar hatte Friedrich einen Begleiter. Vielleicht war es derselbe, wie auf dem Blatt mit dem Felsen im Schindergraben, dieser trug allerdings einen Mantel (5).

(9) Friedrich Ludwig Oeser_**Tiefer Grund bei Schandau**
um 1780 (Ausschnitt), Staatliche Kunstsammlungen Dresden, Kupferstich-Kabinett

Wo der Tiefe Grund endet, endet auch die romantische Natur. Noch zeigt die Ansicht von Johann Friedrich Ludwig Oeser (um 1780) ein idyllisches Tal. Der Sebnitzbach vereinigt sich mit der Polenz und fließt als Lachsbach zur Elbe. Das Tal ist jedoch seit langem z. T. dicht bebaut und die Straße sehr befahren. Hier wandert man nicht mehr. Als Friedrich den Tiefen Grund verließ, ging er selbstverständlich bis hinab zur Elbe und zeichnete bei Prossen eine letzte Ansicht. Das unvollendete Blatt **Lilienstein und Königstein** vom 10. Juli 1800 sei hier gezeigt, weil es zu dieser Wanderung gehört.

Wir biegen aber beim Verlassen des Tiefen Grundes rechts ins Polenztal ein und wandern talaufwärts bis zum »Gasthaus im Polenztal«. Dabei bietet es sich an, dass wir uns Friedrichs Tannenstudien widmen (10), denn im Polenztal gibt es noch das größte Tannenvorkommen in der Sächsischen Schweiz mit 221 Bäumen.[20] Wo Friedrich seine Tannen gezeichnet hat, lässt sich bis auf die Krippener Tannenstudien nicht sagen. Der Vergleich mit seinen Zeichnungen bietet sich jedoch an.

(9) Caspar David Friedrich__**Lilienstein und Königstein**
10. Juli 1800, G 224 verso, Privatbesitz

Lilienstein und Festung Königstein: Blick über Prossen an der Elbe.

__Im Polenztal II

Das knapp 6 km lange Tal der Polenz vom Abzweig Tiefer Grund bis zum »Gasthaus im Polenztal« ist eines der reizvollsten Täler der Sächsischen Schweiz. Am Anfang noch weit und licht, rücken an der »Waltersdorfer Mühle« die Felswände dicht an den Wildbach heran. Bald fällt dem aufmerksamen Wanderer auf, dass am Waldhang, direkt am Weg, vermehrt junge Tannen wachsen. Jenseits des Baches stehen prächtige Tannen, deren Samen für die Naturverjüngung sorgten.

Wo Friedrich seine frühen Tannenstudien betrieben hat, lässt sich nicht sagen. Zu seiner Zeit war die Tanne im Gegensatz zu heute weit verbreitet. Hier im Polenztal lassen sich seine Zeichnungen mit der Natur vergleichen. Seine feine Naturbeobachtung macht den Unterschied zwischen der Wuchsform von Tanne und Fichte deutlich. Hier im Polenztal bietet sich der direkte Vergleich. Friedrich hat sowohl Baumstudien als auch spezielle Nadelstudien gemacht, um den Unterschied zwischen abgerundeten und gekerbten Tannen- und spitzen Fichtennadeln zu verdeutlichen, ebenso wie die Glockenform der Tannen und die spitze Form der Fichten.

Polenztal unterer Teil.

Polenztal mittlerer Teil.

Tanne (Mitte) und Fichte (links) im Polenztal.

(10) Caspar David Friedrich__**Tannenzweige**
um 1806–1808, G 465 recto, Oslo, Nationalmuseum

Bezeichnet__»Von der Seite, Tanne, beim trüben Tag (rechts), die hintersten Äste sind am dunkelsten, so wie sie nach vorn krumm fallen, der Stamm ist glatt; je neher dem Stamm, je weniger die Nadeln.«

(10) Caspar David Friedrich__**Tannen- und Fichtenstudien**
4./7. Mai 1807, G 544, Oslo, Nationalmuseum

(10) Caspar David Friedrich__**Fichtenstudie**
1. Mai 1807, G 542, Oslo, Nationalmuseum

Zweig mit Tannennadeln.

Zweig mit Fichtennadeln.

Es ist unbefriedigend, dass sich keine der fünf vorgestellten Zeichnungen mit Felsen am Bach bzw. am Hang lokalisieren ließen, obwohl sie von der Datierung her in das Umfeld von Hohnstein gehören. Doch diese Tatsache schärft auch unsere Sinne, dass wir umso aufmerksamer durch die Natur wandern. So können wir bemerken, dass sich unsere Wahnehmung der Naturdinge verfeinert hat. Dass wir plötzlich mehr sehen, und anders. »Beobachte die Form genau, die kleinste wie die große, und trenne nicht das Kleine vom Großen, wohl aber vom Ganzen das Kleinliche.«[21] schrieb Friedrich um 1830. So können wir auch auf seine Steinstudien schauen.

Steine am Polenzbach zwischen »Walterdorfer Mühle« und »Gasthaus im Polenztal« (Auswahl).

Caspar David Friedrich-Weg in Krippen

Abb. rechts:
Blick von Reinhardtsdorf auf Kaltenberg und Rosenberg, davor der Zirkelstein.

Wanderroute

Der Caspar David Friedrich-Weg beginnt in Krippen nahe der Elbfähre (1) und folgt auf breitem Weg parallel zur Eisenbahntrasse bis zum Abzweig, wo an der Infotafel 2 der schmale Pfad steil und mit Stufen hinauf zum eigentlichen Mittelhangweg führt. Dem teils schmalen Wanderweg folgen wir bis zum Hirschgrund. Diesem Richtung Elbtal folgend, biegen wir bald nach rechts ab, um auf bequemem Weg bis zum steilen Aufstieg des Aschersteiges, der auf die Schönaer Ebenheit führt, zu gelangen. Nach dem Besuch der Kaiserkrone (9) wandern wir nach Reinhardtsdorf zum Wolfsberg (10). Von dort führt der Weg wieder hinab nach Reinhardtsdorf. Über den Püschelweg (11), (12) erreichen wir wieder Krippen.

Gesamtlänge: ca. 15 km
Anforderungen: zwei steile Anstiege mit Treppenstufen, ein langer z. T. steilerer Abstieg, Trittsicherheit erforderlich
Empfohlene Wanderkarte: Sachsen Kartographie, Hintere Sächsische Schweiz, Blatt 1 Schrammsteine, Affensteine, Zschirnsteine 1:15000/Nr. 91

Hinweis: In Abhängigkeit von der aktuellen Waldsituation lassen sich die Standorte von Friedrichs Zeichnungen nur annähernd angeben. Grundsätzlich stimmen die Standorte der Infotafeln, im Detail gibt es jedoch Abweichungen. Bei den Tafeln (3) Waldbilder I und (8) Steine/Felsen sollten die Bereiche rechts und links der Tafeln einbezogen werden.

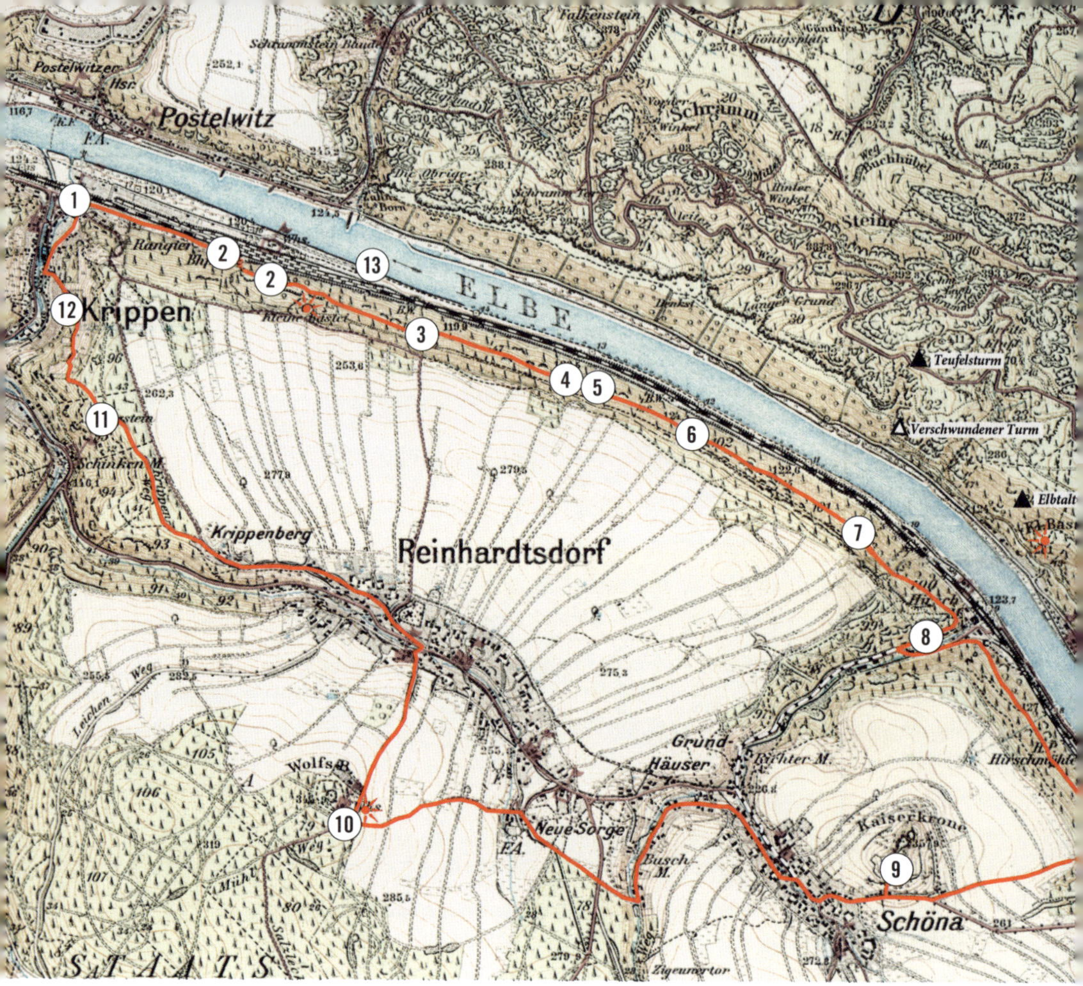

Erläuterung zur Karte /
Caspar David Friedrichs Motive

(1) Krippen, Starttafel (2) Steinbruchmotive__**Im Steinbruch** und **Steinbruch** (3) Waldbilder I (4) Blick zum Teufelsturm__**Felsspitze über Taleinschnitt** (5) Blick zu verschwundenem Felsturm__**Pflanzenstudie und Bergmassiv** und **Die Steinbrüche zwischen Schandau und Schmilka** (6) Felsblock (eingeklemmt) (7) Blick zum Elbtalturm (8) Steine/Felsen (9) Felsgruppe am Aufstieg zur Kaiserkrone (10) Wolfsbergblick (11) Waldbilder II (12) Püschelweg__**Zwei Männer in Betrachtung des Mondes** (13) Elbblick auf Schandau

Wichtiger Hinweis: Auf dem Weg sind 13 Informationstafeln mit detaillierten Hinweisen aufgestellt. Aus Gründen der Verkehrssicherheit wurde Tafel 2 am Beginn des Aufstieges zum Mittelhangweg aufgestellt.

Caspar David Friedrich in Krippen

Im Jahr 1813 ging die Herrschaft Napoleons über Europa zu Ende. Die letzten Schlachten wurden bei Bautzen, in Dresden, an der sächsisch-böhmischen Grenze und schließlich in Leipzig geschlagen. Die traurigen Reste des sächsischen Heeres, das Napoleon 1812 in den Rußlandfeldzug gefolgt war, kamen im März 1813 in Dresden an. Die Stadt bereitete sich auf die Verteidigung gegen die anrückenden Russen vor. Mitte März befanden sich 11 000 Mann fremde Truppen in Dresden. Es herrschte Not. Krankheiten und Seuchen wüteten in der Stadt. Obwohl die Augustusbrücke gesprengt worden war, rückten am 27. März 2000 Russen in die Dresdner Altstadt ein. Im April befanden sich der russische Zar Alexander I. und der preußische König Friedrich Wilhelm III. in Dresden. Im Mai wiederum schlug Napoleon sein Hauptquartier in Dresden auf.

Für Friedrich war die Situation in Dresden unerträglich geworden, so dass er sich im März nach Krippen in der Sächsischen Schweiz zurückzog. Er wohnte bei Verwandten seines Dresdner Freundes, des Münzmeisters Friedrich Gotthelf Kummer. Das Haus ist nicht mehr auffindbar. Krippen war damals ein kleines Fischerdorf an der Elbe und hatte »56 Häuser mit 347 Konsumenten, darunter 15 Wirte, oder Begüterte.«[22] Im Ort gab es zwei Mühlen, eine Kirche und eine Schule. Er schrieb ein paar Briefe, die einen Einblick in seinen Seelenzustand gaben.

Brief an Dr. Ludwig Puttrich (Rechtsanwalt und Kunsthistoriker) in Leipzig:

> »Krippen, Schandau / gegenüber an der Elbe, / den 31ᵗ März 1813 – [...]
> Ich habe schon seit länger als 14 Tagen Drd. verlassen und lebe hier in einer sehr angenehmen Gegend. Der hiesige Aufenthalt könnte für mich sehr nützlich sein, wenn nicht die Ereignisse der Zeit mein Gemüth so ganz verstimt hätten und mich unfähig machten etwas zu beginnen [...].«[23]

Brief an Frederik Christian Sibbern, dänischer Philosoph:

> »Krippen den 30ᵗ Mai 1813
> Ich lebe seit 14 Tage auf dem Lande, Schandau gegen über an der Elbe. Warum ich Dresden verlassen, können sie sich leicht denken. Der Mangel an Lebensmittel war so groß, das wirklich Menschen sollen verhungert seyn. Jetzt ist die Not nicht mehr so groß, aber ich finde noch immer Ursach genug nicht wieder zurück zu kehren; vielleicht sind auch meine Zimmer mit Verwundete angefüllt [...].«[24]

Ein weiterer Brief an Sibbern lässt vermuten, dass dieser Friedrichs Schreiben vom 30. Mai nicht erhalten hat. Friedrich hatte Sibbern wohl im Zusammenhang mit dem Norweger Henrik Steffens, auch einem Naturphilosophen, der in der Befreiungsbewegung gegen Napoleon aktiv tätig war, kennengelernt.

Friedrich hatte sich förmlich in Krippen verkrochen und war, wie er schrieb, von den »Ereignissen der Zeit« so angegriffen, dass er nicht fähig war zu arbeiten. Erst am 1. Juni griff er wieder zum Skizzenbuch und notierte neben einer Zeichnung von Nadelbäumen »nach langer Zeit das erste gezeichnete«. Friedrich beobachtete genau, was geschah und

Blick vom Kohlbornstein auf Krippen: auf der gegenüberliegenden Elbseite ist der Wolfsgraben zu sehen, der auf die Ostrauer Scheibe führt.

reflektierte es in seinen Zeichnungen. Auf den Waffenstillstand der Kriegsparteien reagierte er mit Hoffnung, auf ein überraschendes Auftauchen Napoleons in Krippen mit Entsetzen.

Der Reinhardtsdorfer Pfarrer Jungwirth verfasste einen Zeitzeugenbericht über die Ereignisse des Jahres 1813 in der Gegend.[25] Wir lesen von versenkten Elbfähren. Erfahren, wie abwechselnd Franzosen, Alliierte und russische Kosaken in den Dörfern auftauchten, Nahrungsmittel aquirierten und Angst und Schrecken verbreiteten. Friedrich wollte dem Kriegsgeschrei in Dresden entfliehen und musste sehen, dass dies selbst in diesem abgelegenen Winkel nicht möglich war.

Friedrich unternahm, seiner Gewohnheit gemäß, auch hier tägliche Spaziergänge. Oft ging er den selben Weg, der sich durch die Datierungen seiner Zeichnungen ziemlich genau rekonstruieren lässt. Von Krippen aus benutzte er am Elbhang den heutigen Mittelhangweg bis zum Hirschgrund. Über Schöna und Reinhardtsdorf führte ihn der Weg zurück nach Krippen. Einmal zeichnete er auf der anderen Elbseite vom Wolfsgraben aus den Blick auf Krippen. Ob er anschließend die Schrammsteine besuchte, wissen wir nicht. Eine Naturstudie lässt den Schluss zu, dass er am Krippenbach unweit von Berggießhübel gezeichnet hat. In Schöna war er am Kahlstein, wie die Kaiserkrone von alters her hieß. In unmittelbarer Nachbarschaft steht der Zirkelstein, der für Friedrich von besonderem Interesse gewesen sein musste. Er hatte ihn schon frü-

Die vorderen Schrammsteine mit Meurerturm
und Vorderem Torstein.

her aus der Ferne gesehen und im Zusammenspiel mit dem Rosenberg gezeichnet. Friedrich war sicher auch zum Reinhardtsdorfer Wolfsberg hinaufgewandert.

Vom Mittelhangweg aus mit prächtiger Sicht auf die gegenüberliegenden Schrammsteinwände zeichnete er vier markante Motive jenseits der Elbe (4)(5)(6)(7). Allerdings bot sich Friedrich eine völlig andere Situation als heute, denn in den ehemaligen Postelwitzer Steinbrüchen, auf die wir heute blicken, wurde damals aktiv geabeitet. Manch ein Felsturm, der einst noch stand, ist dem Steinbruchbetrieb zum Opfer gefallen.

Friedrich ist bei der Auswahl seiner Motive in gewisser Weise rätselhaft. Am Weg und am Waldhang liegen Steine über Steine. Einige zeichnete er. Nicht aber die Felsgruppe der vorderen Schrammsteine mit Meurerturm und Vorderem Torstein, die sich so großartig über der Elbe auftürmen.

Die freie Sicht von der Hochebene zwischen dem Rosenberg und dem fernen Lilienstein, den Zschirnsteinen und den Schrammsteinen ist schlicht überwältigend. Doch Friedrich richtete den Blick auf Felsen und Steine, die fast nebensächlich wirken. Betrachten wir heute diese Blätter, können wir nur staunend innehalten. Und er machte in diesen Krippener Monaten eine Fülle von Baumstudien: Fichten, Tannen, Kiefern (3)(11).

Die Krippener Zeichnungen

Am 1. Juni 1813, am Tag des Waffenstillstandes zwischen Napoleons Armee und den Alliierten, griff Friedrich zum Skizzenbuch, zeichnete eine Fichtengruppe und notierte »nach langer Zeit das erste gezeichnete«. Bis dahin war er unfähig zu arbeiten, zweieinhalb Monate lang.

Am 9. Juni 1813 wechselte Friedrich einmal über die Elbe und zeichnete von der Postelwitzer Seite aus dem Wolfsgraben einen Blick

Die Krippener Naturstudien

1. Juni 1813	Tannenbäume, bez.: »nach langer Zeit das erste gezeichnete«, »von unten«
3. Juni 1813	Felsige Kuppe, bez.: »so hoch über die höchste Spitze des Steines ist der Horizont«, »Weg«
4. Juni 1813	abgestorbene Fichte, bez.: »Fichte«
9. Juni 1813	Fels-und Baumstudien, bez.: »Tanne«, »Kiefer«
9. Juni 1813	Felsstudie, bez.: »etwas von unten«
9. Juni 1813	Blick vom Wolfsgraben über die Elbe auf Krippen
10. Juni 1813	Aufragender Felsen
11. Juni 1813	Felsstudie mit Baumbestand, bez.: »Horizont«
12. Juni 1813	Verschiedene Baumstudien, um einen Stumpf gruppiert, bez.: »Horizont«, »Tanne«, »1½ Ellen hoch«
12. Juni 1813	zwei Tannenstudien, bez.: »trübe Luft«, »von unten«, »trübe Luft«, »Tanne«
15. (Juni) 1813	Farnstudien
17. Juni (1813)	Fichten (ohne Abbildung)
17. Juni 1813	Studie eines Baumes, bez.: »Tanne«, »Horizont«, »in die Tiefe«
17. Juni 1813	Drei Tannen, bez.: »Horizont«
20. Juni 1813	Studie eines Obstbaumastes, bez.: »krank«, »Obstbaum«
26. Juni 1813	Studie von Tannen, bez.: »von unten«
26. Juni 1813	Studie von Tannen, bez. »Tannen, Mittelgrund, von unten«
30. Juni 1813	Tannenstudien, bez.: »Mittelgrund«
10. Juli 1813	Fels- und Baumstudie
13. Juli 1813	Pflanzenstudie und Bergmassiv, bez.: »von unten«
15. Juli 1813	Felsgruppe mit Bäumen und Felsblock
16./17. Juli 1813	Felsspitze über Taleinschnitt
19. Juli 1813	Steinbruch bei Krippen, Aquarell
20. Juli 1813	Laub- und Nadelbäume, bez.: »Rüstet Euch heute zum neuen Kampf Teutsche Männer Heil Euren Waffen!«
22. Juli 1813	Nadelbaum, bez.: »aus Kummer's Fenster«

bez. = bezeichnet

Die Reihenfolge der Zeichnungen entspricht dem Datum ihrer Entstehung. Die Reihenfolge beim Caspar David Friedrich-Weg entspricht dem logischen Verlauf des Weges. So sind im Folgenden Baummotive unter (3) und (11) zusammengefasst.

auf Krippen. Offensichtlich war es wieder möglich, die Elbfähren zu benutzen, nachdem das vorher nur mit Kontrolle von Soldaten möglich war.

Am 20. Juli wurde der Waffenstillstand verlängert. Mit diesem Datum endet das Krippener Skizzenbuch und mit einem patriotischen Appell Friedrichs, den er auf das letzte Blatt schrieb: »Rüstet Euch heute zum neuen Kampf Teutsche Männer Heil Euren Waffen!«.

Caspar David Friedrich__**Tannenbäume**
1. Juni 1813, G 679, Essen, Museum Folkwang
Bezeichnet__»nach langer Zeit das erste gezeichnete«

(2) Caspar David Friedrich (?)__**Im Steinbruch** 15. Juli 1812, G III-8, Staatliche Kunstsammlungen Dresden, Kupferstich-Kabinett

Im Steinbruch: historisches Foto, Stempel zum Abstützen der hohlgemachten Wand.

__Steinbrüche

In der Sächsischen Schweiz gab es zwei Methoden der Sandsteingewinnung. In den großen Steinbrüchen der Elbwände wendete man das Prinzip der Wandfällung an. Eine Felswand wurde unterhöhlt (hohl gemacht) bis sie abbrach. Damit das kontrolliert geschah, wurden Stempel angebracht.

In kleinen Steinbrüchen wendete man das Abbauen vom Stock an. Die Steinbrecher standen auf Leitern und lösten die Blöcke mit Hilfe von Spalten aus der Felswand. Auf Friedrichs Zeichnung ist die Methode anschaulich dargestellt. Er hat sie in den zahlreichen Krippener Steinbrüchen beobachten können. (Eine anschauliche Schilderung der Arbeit in den Brüchen siehe S. 15.)

Karl-Ludwig Hoch:
»Die Darstellung eines der vielen Steinbrüche bei Krippen [...] könnte – im Kriegssommer 1813 – auch eine sinnbildliche Bedeutung haben.
Das Miteinander von dunklen Spalten und hellem Licht führt auf eine graue Steinwand, die alles ausweglos absperrt. Aber der zentrale Lichteinfall aus der Höhe lässt das Bild in einem anderen Licht erscheinen. Noch ist der Befreiungskrieg nicht entschieden. Aber die Hoffnung auf ein gutes Ende und die Befreiung vom Dunkel der Diktatur ist groß. – Friedrich hat das Bild kunstvoll gerahmt und eigenhändig beschriftet.«[26]

Aufgelassener Steinbruch am Mittelhangweg nahe Krippen.

(2) Caspar David Friedrich__**Steinbruch**
19. Juli 1813, G 677, Staatliche Museen zu Berlin, Kupferstichkabinett

__Baumstudien I

Caspar David Friedrich hatte ein besonderes Verhältnis zu Bäumen und hat zeitlebens Baumstudien betrieben, auch während des Krippener Aufenthaltes. Auf den Skizzenbuchblättern finden wir Tannen, Fichten und Kiefern, auch vereinzelt Laubbäume. Manchmal hat er die Baumart dazugeschrieben. Sieben Mal tauchen Tannen auf – ein Hinweis, dass es seinerzeit noch reichlich Tannen in der Sächsischen Schweiz gab. Im Krippener Umfeld findet man sie heute nur noch vereinzelt.

Friedrich teilte manchmal über seine Baumstudien Botschaften mit, wie bei der ersten Zeichnung im Skizzenbuch vom 1. Juni 1813 sein handschriftlicher Vermerk: »nach langer Zeit das erste gezeichnete«. Am 20. Juni 1813; zeichnete er einen abgebrochenen Obstbaumast und schrieb »krank« daneben. Wollte er damit auf den Besuch Napoleons an diesem Tag in Krippen hinweisen? Napoleon soll mit Offizieren in Krippen aufgetaucht sein, wohl um einen Elbübergang nach Böhmen zu erkunden. Beim Steinbruchbesitzer Schinke sei er eingekehrt.[27] Der Besuch des Verhassten muss ihn erschüttert haben. Einen Monat später, am 20. Juli brach es aus Friedrich heraus: Neben Fichten, die er wie Soldaten aufgereiht hat, schrieb er »Rüstet Euch heute zum neuen Kampf Teutsche Männer. Heil Euren Waffen«. Am selben Tag wurde der Waffenstillstand zwischen den Kriegsparteien verlängert, was den Alliierten die Möglichkeit gab, sich zu verstärken. Inzwischen hatte auch Österreich Frankreich den Krieg erklärt. Im August kam es zur Schlacht bei Dresden, die Napoleon gewann. Die sich anschließende Schlacht bei Culm in der Nähe von Teplitz verlor Napoleon, konnte sich aber nach Leipzig zurückziehen, wo im Oktober bei der legendären Völkerschlacht seine endgültige Niederlage besiegelt wurde.

Das alles wird Friedrich verfolgt haben. Wie er darauf reagierte, wissen wir nicht. Im Skizzenbuch gab es eine letzte Zeichnung vom 22. Juli 1813, eine Fichte. »Aus Kummer's Fenster« hat er daneben geschrieben, das weitere ist Schweigen. Im November kehrte Friedrich nach Dresden zurück.

Auch vor und nach Tafel 3 am Wanderweg können wir Vergleiche zu Friedrichs Baumstudien ziehen. Hier stehen vor allem junge Fichten, aber auch vereinzelt Kiefern. Im Bereich der Tafel 4 sind sogar ein paar ganz junge Tannen zu entdecken.

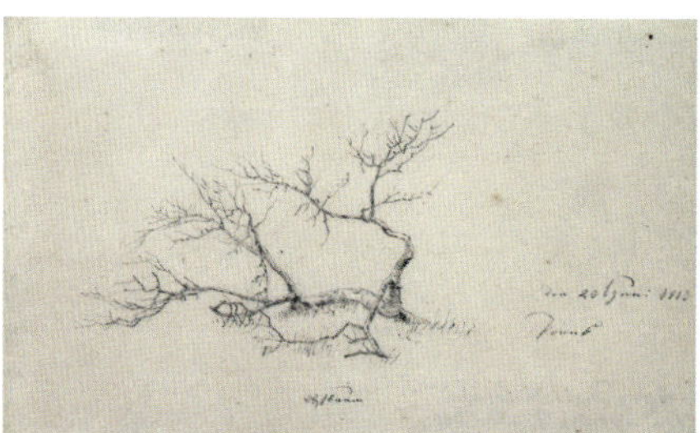

(3) Caspar David Friedrich__**Studie eines Obstbaumastes**, 20. Juni 1813, G 692, Oslo, Nationalmuseum

(3) Caspar David Friedrich__**Laub- und Nadelbäume** 20. Juli 1813, G 698, Staatliche Kunstsammlungen Dresden, Kupferstich-Kabinett

3 Caspar David Friedrich__**Baumstudien, um Stumpf gruppiert**, 12. Juni 1813, G 787, Oslo, Nationalmuseum

3 Caspar David Friedrich__**Baumstudien** 12. Juni 1813, G 688, Wien, Albertina

3 Caspar David Friedrich__**Studie eines Baumes**, 17. Juni 1813, G 690, Staatliche Kunstsammlungen Dresden, Kupferstich-Kabinett

3 Caspar David Friedrich__**Nadelbaumstudien (Drei Tannen)**, 17. Juni 1813, G 691, Staatliche Kunstsammlungen Dresden, Kupferstich-Kabinett

(4) Caspar David Friedrich__**Felsspitze über Taleinschnitt**
16./17. Juli 1813, G 697, Staatliche Kunstsammlungen Dresden, Kupferstich-Kabinett

__Felsstudien

Die folgenden Zeichnungen von Steinen und Felsen, die Friedrich bei seinen Wanderungen auf dem Mittelhangweg in sein kleines Skizzenbuch eintrug, geben den Charakter der Standsteinfelsen treffend wieder. Bis auf einen Felsturm, der durch den Steinbruchbetrieb verschwunden ist, lassen sich die größeren Felsen alle wiederfinden. Bei den Felsblöcken am Wegesrand ist das weitaus schwieriger. Da gibt es offene Fragen. Mancher Felsen wird unter Gestrüpp verborgen sein.

Oben ist ein Blick zum Teufelsturm dargestellt (4). Früher nannte man den Fels Mittagsstein, weil man von den gegenüberliegenden Feldern auf der Reinhardtsdorfer Ebenheit am Schattenwurf des Felsens die Mittagszeit ablesen konnte.

Friedrich muss ein Fernrohr benutzt haben, denn die Detailgenauigkeit der Zeichnung ist

Vergleichsfoto zu **Felsspitze über Taleinschnitt**: Friedrich zeichnete hier den Blick vom Mittelhangweg zum Teufelsturm, der früher Mittagsstein hieß.

so mit bloßem Auge kaum zu erreichen. Die beiden schrägen Felsspalten sind deutlich nur bei Nachmittagslicht wahrnehmbar. Friedrich hat zwei Tage an dem Blatt gezeichnet. Warum er die Arbeit unterbrochen hat, wissen wir nicht. Der Taleinschnitt, über dem der Felsturm steht, ist nur angedeutet. Die Lokalisierung geht auf den Krippener Lehrer Gerd Englick zurück.

5 Caspar David Friedrich__**Pflanzenstudie und Bergmassiv**
13. Juli 1813, G 695, Oslo, Nationalgalerie

Am 13. Juli 1813 zeichnete Friedrich einen großen markanten Felsen, der heute verschwunden ist (5). Er ist später dem Steinbruchbetrieb in den Postelwitzer Brüchen zum Opfer gefallen. Eine Radierung Adrian Ludwig Richters aus den »30 An- und Aussichten [...] für den Besuch der Sächsischen Schweiz« von 1823 zeigt uns denselben Felstum. An der hellen Abbruchstelle (siehe Foto unten) muss Friedrichs Fels gestanden haben.

Die große Distel, vermutlich aus einem Krippener Garten, verwendete Friedrich 1836 in einer Sepiazeichnung **Sarg am Grab**, auf der auch der Hohe Schneeberg zu sehen ist.

(5)

Adrian Ludwig Richter__**Die Steinbrüche zwischen Schandau und Schmilka** (Ausschnitt), 1823, aus den »30 An- und Aussichten [...] für den Besuch der Sächsischen Schweiz«, Stiftung Hasse

Vergleichsfoto zum Bergmassiv mit Montage von Friedrichs Felsturm. Die Stelle hat der Krippener Lehrer Gerd Englick lokalisiert.

(6) Caspar David Friedrich__**Felsgruppe mit Bäumen und Felsblock**
15. Juli 1813, G 696, Oslo, Nationalgalerie

Eines der schönsten Felsmotive des Krippener Skizzenbuches vom 15. Juli 1813 hat sich bis heute nicht finden lassen (6). Sollte Friedrich am selben Tag auch den eingeklemmten Stein auf dem unteren Teil des Blattes gezeichnet haben, an dem man vorbei kommt, wenn man den Mittelhangweg in Richtung Hirschgrund benutzt, dann käme die Felsgruppe mit dem Namen Hundskirche infrage. Aber dort konnte keine Übereinstimmung festgestellt werden. Allerdings ist heute der Baumbestand sicher wesentlich anders als vor rund 200 Jahren. Auf jeden Fall ist diese Studie beeindruckend hinsichtlich der Licht-Schattenverteilung sowie der gezeichneten Bäume, die allesamt nicht sehr groß gewachsen sind.

Vergleichsbild zum Felsblock: Eingeklemmter Block am Mittelhangweg.

Vergleichsbild zur Felsgruppe vom 15. Juli 1813. Es handelt sich hier um eine ähnliche Felsgruppe, wie sie in der Sächsischen Schweiz häufig vorkommt.

(7) Caspar David Friedrich__**Felsstudie mit Baumbestand**
11. Juni 1813, G 683, Oslo, Nationalmuseum

Elbtalturm: Vergleichsfoto zur Felsstudie.

Elbtalturm: Vergleichsfoto zur Felsstudie.

Bei der **Felsstudie mit Baumbestand** (7) hat Friedrich einen der Felstürme jenseits der Elbe am 11. Juni 1813 gezeichnet. Zu bewundern ist die feine Beobachtung des Gegenstandes und die sorgfältige Ausführung des kleinen Blattes (193 × 122 mm). Friedrich hat auch hier offensichtlich ein Fernrohr benutzt. Mit bloßem Auge sind die Details nicht zu erkennen. Der Felsturm ist heute ein Klettergipfel mit dem Namen Elbtalturm. Um 1813 hatte er noch keinen Namen. Am Tag vorher hatte Friedrich diesen Felsturm aus einer anderen Perspektive gezeichnet, offensichtlich aus dem Elbtal.

7 Caspar David Friedrich__**Aufragender Felsen**
10. Juni 1813, G 685, Privatbesitz

(8) Caspar David Friedrich__**Fels- und Baumstudien**
9. Juni 1813, G 682, Oslo, Nationalmuseum

Die Baumarten sind bezeichnet mit »Tanne« und »Kiefer«.

8 Caspar David Friedrich__**Felsstudie**
9. Juni 1813, G 683, Oslo, Nationalmuseum

8 Caspar David Friedrich__**Fels- und Wurzelstudie**
10. Juni 1813, G 1013, Privatbesitz

Die Felsbrocken, die wir am Hang sehen, sind beliebige Felsen und nicht die konkreten, die Friedrich in Krippen gezeichnet hat. Es ist bisher nicht gelungen, die hier abgebildeten Zeichnungen zu lokalisieren. Wobei es im Grunde gar nicht nötig ist, diese Blätter zu lokalisieren, denn es geht einfach um Naturstudien. Da genügt es, wenn wir Friedrichs Blick folgen. Es ist allerdings denkbar, dass die am 9. Juni gezeichneten Blätter in den Schrammsteinen entstanden sind (siehe S. 141). Machen wir uns Friedrichs Satz »Wohl jede Erscheinung in der Natur, richtig und würdig aufgefasst, kann ein Gegenstand der Kunst werden.«[28] zu eigen, dann werden wir die wahllos am Hang verstreuten Felsen mit ganz anderen Augen sehen können. Und sie weisen uns neue Wege zu einem besonderen Verständnis der Natur.

Am 3. Juni 1813 stand Friedrich vor der mittelgroßen Felsgruppe, die sich hinter den letzten Häusern von Schöna am Aufstieg zur Kaiserkrone befindet. Links neben dem Felsen notierte er an einen oben und unten begrenzten Strich »so hoch über die höchste Spitze des Steines ist der Horizont«. Fünf Jahre später, im **Wanderer über dem Nebelmeer** postiert er auf diesem Felsen seinen geheimnisvollen Wanderer (10). Wenn wir heute diesen Fels betrachten, haben wir immer dieses Gemälde im Hinterkopf und fragen uns, wie Friedrich mit seiner Rückenfigur umgegangen ist, die im Gemälde so dominant ist. Steigt ein Mensch auf diesen Felsen, so wirkt er fast verloren.

Den markanten Felsen am Aufstieg zur Kaiserkrone hatte Friedrich bereits am 3. Juni 1813 gezeichnet. Mehrfach ist er danach den Mittelhangweg gegangen und folgte dem Hirschgrund hinauf nach Schöna. Dann verlieren sich konkrete Spuren mangels fehlender Zeichnungen. Wir wissen nicht, ob er versucht hat die Kaiserkrone zu besteigen. Wir wissen nicht, ob er hinüber zum Wolfsberg gewandert ist und dann zurück nach Krippen den Püschelweg benutzt hat. Plausibel erscheint das schon. Dann muss er die großartige weite Landschaft wahrgenommen und in sich aufgenommen haben. Der Caspar David Friedrich-Weg folgt aus gutem Grund dieser Strecke.

(9) Caspar David Friedrich_**Felsige Kuppe**
3. Juni 1813, G 680, Staatliche Kunstsammlungen Dresden, Kupferstich-Kabinett

Vergleichsfoto zu **Felsige Kuppe**. Der Felsen befindet sich am Aufstieg zur Kaiserkrone.

Blick von der Kaiserkrone über Schöna zum Wolfsberg.

Blick vom Fuß des Wolfsberges zu Kaiserkrone, Zirkelstein und Rosenberg. Durch die Felder, an der großen Linde vorbei, führt der Caspar David Friedrich-Weg.

Felsen am Aufstieg zur Kaiserkrone mit Person.

10 Caspar David Friedrich__**Der Wanderer über dem Nebelmeer**
um 1818, BS/J 250, Hamburger Kunsthalle

Der Wanderer über dem Nebelmeer

Kein anderes Gemälde Caspar David Friedrichs steht in solch direktem Zusammenhang mit Krippen, wie der berühmte **Wanderer über dem Nebelmeer**: Im Vordergrund der Fels, auf dem der Wanderer postiert ist, gezeichnet am 3. Juni 1813. In den Bergen des Hintergrundes können wir mit gutem Recht Rosenberg, Zirkelstein und Kaiserkrone sehen, auch wenn die Konturen leicht von der Realität abweichen. Es ist ja ein konstruiertes Gemälde und kein Naturabbild. Wir dürfen uns auch nicht wundern, wenn beim Blick vom Wolfsberg der Zirkelstein links vom Rosenberg steht (Abb. S. 129). Friedrich muss den Fernblick von der Basteiaussicht im Sinn gehabt haben, als er dieses Bild malte. Die Zutaten im Mittelgrund sind Felsformationen, die er bereits früher gezeichnet hatte, ganz links wohl das Neurathener Felsentor mit leichten Abänderungen, davor den Gamrig, den er 1808 gezeichnet hatte. Die rechte Felsgruppe konnte bisher nicht bestimmt werden. Grandios ist einerseits der strenge geometrische Aufbau des Bildes und andererseits die ins Transzendente weisende Nebel- und Wolkenstimmung. Carl Gustav Carus hat in seinen berühmten Landschaftsbriefen Worte gefunden, die zu diesem Bilde passen könnten:

Fernblick von der Bastei.

Caspar David Friedrich__**Felsenschlucht** 1822/23 (Ausschnitt mit der Darstellung des Neurathener Felsentor, seitenverkehrt), BS/J 301

Caspar David Friedrich__**Der Wanderer über dem Nebelmeer** um 1818 (Ausschnitt, Felsformation im Mittelgrund), BS/J 250, Hamburger Kunsthalle

Caspar David Friedrich__**Gamrig** 13. Mai 1808 (Ausschnitt), G 574, Verbleib unbekannt

> »Tritt denn hin auf den Gipfeln des Gebirges, schau hin über die langen Hügelreihen, betrachte das Fortziehen der Ströme und alle Herrlichkeit, welche deinem Blick sich auftut und welches Gefühl ergreift dich? Es ist eine stille Andacht in Dir, dein ganzes Wesen erfährt eine stille Läuterung und Reinigung. Dein Ich verschwindet, Du bist nichts, Gott ist alles.«[29]

Der Dresdner Friedrichforscher und Pfarrer Karl-Ludwig Hoch sah es so:

> »Ein auf der Höhe des Lebens angekommener Mann hält Rückschau auf Höhen und Tiefen des Lebensweges, auf die Abfolge des Nebelhaften und des Felsenfesten. Der Mann wendet sich dem in den Himmel ragenden Kegelberge zu. Aus Abgründen, die dem Einblick und der Einsicht verborgen sind, tauchen Gipfel auf, die klar vor Augen liegen. [...] Dieses Sinnbild ist ein Bild der Hoffnung auf höhere Kraft bei all den Niederungen und Niederlagen einer rätselhaften Zeit.«[30]

__Baumstudien II

»Die Einsamkeit brauche ich für das Gespräch mit der Natur.«

Auch wenn es unglaublich erscheint, aber von Caspar David Friedrich sind aus den Jahren von 1798 bis 1813 etwas mehr als 200 Baumstudien überliefert. 1814 kommen noch zwei Blätter mit Fichten hinzu, 1826 auf Rügen noch zwei Mal Laubbäume und noch drei Blätter mit abgestorbenen Bäumen. Dass sich unter verschollenen Blättern auch Baumstudien befanden, ist wahrscheinlich.

Seine Baumstudien können nicht hoch genug eingeschätzt werden. Die Notiz auf einem Blatt »3½ Stunde« deuten eine intensive Naturversenkung und eine besondere Art der Anbetung und Gotteserfahrung an. Der mit ihm befreundete Pastor Theodor Schwarz hat es beschrieben:

> »Natur, wer kann dich in deinem unendlichen Leben und Wirken ergründen, aber indem wir deine heiligen Lineamente wie jeden Baumschlag nachbilden, erkennen wir erst den Meister, der dich gemacht hat.
> Seine warme Hand ruhet noch an dir und schafft deine unendlichen Verwandlungen als seines Geistes tausendfältiges Abbild. Anbetung im Geiste und Griffel ist der einzige Weg, um ihn zu erkennen.«[31]

(11) Caspar David Friedrich__**Tanne**, 30. April 1807 (Ausschnitt), G 540, Oslo Nationalmuseum Bezeichnet__»3 ½ Stunde«

(11) Caspar David Friedrich__**Nadelbaumstudie** 22. Juli 1813, G 699, Staatliche Kunstsammlungen Dresden, Kupferstich-Kabinett

Wenn wir an der Tafel 11 am Wanderweg ein zweites Mal unser Augenmerk auf Friedrichs Bäume richten, dann soll damit noch einmal auf die besondere Bedeutung seiner Baumstudien hingewiesen werden. Wir können mit Friedrichs Zeichnungen versuchen, ob es uns gelingt, Tannen von Fichten zu unterscheiden.

Wir können nachempfinden, unter welch schwierigen Bedingungen manche Bäume an steiler Felswand wachsen. Wir können auch Friedrichs Erschütterung nachempfinden, wenn er solch ein abgestorbenes Fichtenbäumchen zeichnete, wie S. 136.

(11) Caspar David Friedrich__**Studie von Fichten**
26. Juni 1813, G 693, Oslo, Nationalmuseum

(11) Caspar David Friedrich__**Studie von Tannen**
26. Juni 1813, G 1008, Privatbesitz

Caspar David Friedrich__**Verschiedene Baumstudien, um einen Stumpf gruppiert**, 12. Juni 1813 (Ausschnitt), G 687, Oslo, Nationalmuseum

Caspar David Friedrich__**Der Chasseur im Walde** 1813/14, (Ausschnitt, Tanne umrandet), BS/J 207, Privatbesitz

Friedrichs Verwendung von Baum- und Felsstudien der Krippener Zeit

Die abgestorbene Fichte (jeweils rot markiert) vom 4. Juni 1813 (S. 137) finden wir in drei Gemälden:

Riesengebirgslandschaft mit aufsteigendem Nebel, 1819/20, (leicht verändert)
Hochgebirgsgipfel mit treibenden Wolken, um 1835
Der Träumer, um 1835

Die kleine Tanne vom 12. Juni 1813 (S. 136) sehen wir im Vordergrund des Gemäldes
Der Chasseur im Walde, 1813/14, (Tanne umrandet)

Die Distel vom 13. Juli 1813 (S. 120) verwendete Friedrich in dem Sepiablatt
Sarg am Grab, um 1835 (nicht abgebildet)

Den großen Felsblock (S. 128) am Aufstieg zur Kaiserkrone finden wir im
Der Wanderer über dem Nebelmeer, um 1818

Die Felsbrocken vom 9. Juni 1813 (S. 138) sind verwendet im
Morgen im Gebirge, um 1830/34 (1911 verbrannt)

Caspar David Friedrich__**Der Träumer**
um 1835, (Ausschnitt, Fichte markiert), BS/J 451
St. Petersburg, Staatliche Eremitage

(11) Caspar David Friedrich__**Abgestorbene Fichte**
4. Juni 1813, Oslo, Nationalmuseum

Caspar David Friedrich__**Hochgebirgsgipfel mit treibenden Wolken**
um 1835, (Fichte markiert), BS/J 449, Fort Worth, Texas, Kimball Art Museum

Caspar David Friedrich__**Riesengebirgslandschaft mit aufsteigendem Nebel**, 1819/20 (Ausschnitt, Fichte markiert), BS/J 264, München, Neue Pinakothek

Caspar David Friedrich__**Morgen im Gebirge**
um 1830/34, BS/J 416 (Verbrannt), Felsbrocken umrandet

Caspar David Friedrich__**Fels- und Baumstudien**
9. Juni 1813 (Ausschnitt), G 682, Oslo, Nationalmuseum

Zwei Männer in Betrachtung des Mondes

Bei diesem kleinen Gemälde drängt sich der Gedanke auf, dass Friedrich den Püschelweg, der von Krippen hinauf nach Reinhardtsdorf führt, im Sinn hatte. Es lässt sich nicht belegen. Jedoch, die Übereinstimmung des realen Weges mit der Komposition ist nicht von der Hand zu weisen. Wie oft wird ihn der Maler während seines Krippener Aufenthaltes gegangen sein. Die riesige Eiche, deren Wurzeln zum Teil in die Luft ragen, geht teilweise auf eine Studie von 1809 in Neubrandenburg zurück. Weitere Studien zum Gemälde fehlen. Wahrscheinlich sind sie verschollen. Der Felsblock liegt am Püschelweg, allerdings seitenverkehrt. (Friedrich hat im Gemälde **Grab des Arminius**, BS/J 206, einen Felsen gespiegelt verwendet.)

Wer sind die beiden Männer? Es kommen einige in Frage. Dass es Friedrich selbst sei, an den sich der jüngere Malerfreund Johan Christian Dahl lehnt, ist nicht von der Hand zu weisen. Immerhin hat Friedrich dieses Gemälde Dahl geschenkt, unmittelbar nachdem er es gemalt hat.

Zwei offensichtlich miteinander sehr vertraute Menschen, die in stiller Versenkung die Mondsichel mit dem Abendstern betrachten, machen dieses Bild zu einem der romantischsten überhaupt.

(12) Caspar David Friedrich__**Baumstudien**
25./26. April 1809 (gezeichnet in Neubrandenburg), G 580, Staatliche Kunstsammlungen Dresden, Kupferstich-Kabinett

Püschelweg von Krippen nach Reinhardtsdorf.

Püschelweg von Krippen nach Reinhardtsdorf (Felsblock gedreht).

»Alle Tätigkeit muß aufgelöst werden in ein staunendes Anschauen des Unendlichen. Erst dann werden die innersten Tiefen des Gemütes angesprochen.«

Friedrich Schleiermacher[32]

(12) Caspar David Friedrich__**Zwei Männer in Betrachtung des Mondes**
Öl, 1819, BS/J 261, Staatliche Kunstsammlungen Dresden, Albertinum

__Ergänzungen

Nicht unmittelbar zum Krippener Caspar David Friedrich-Weg, aber zum Umfeld gehört eine Landschaftsstudie, die Friedrich am 9. Juni 1813 zeichnete. Es ist ein Blick von der Postelwitzer Elbseite auf Krippen. Offensichtlich war es wieder möglich, die Elbfähren zu benutzen, nachdem das im März kriegsbedingt nur unter Kontrolle von Soldaten möglich war. Er setzte mit der Fähre nach Postelwitz über und wanderte durch den Wolfsgraben hinauf zur Ostrauer Scheibe. Vom Elbhang zeichnete er einen Blick über die Elbe nach Krippen. Im Skizzenbuch finden sich unter demselben Datum noch zwei Studien von großen Steinen, die sicher irgendwo versteckt an einem Hang liegen, aber sich bis heute nicht finden ließen. Vielleicht in den Schrammsteinen. Diese wären insofern interessant, weil es einen Hinweis Friedrichs auf diese Felsgruppe gibt, ohne dass wir allerdings einen zeichnerischen Beleg kennen. Er erzählte einmal dem jungen Maler Wilhelm Wegener:

»Ein anderes Mal [...] kletterte ich auf einem schmalen, schwindelnden Pfade, der sich bei einem fürchterlichen Abgrund hinzog, einsam einher und freute mich meiner Kühnheit. Ha, dachte ich, wie würden die Deinen daheim über dich staunen, wenn sie dich auf diesem Wege sehen könnten. Während ich noch in diesen Gedanken war, kommen auf demselbigen Pfad um einen Felsen zwei Weiber herum, jede mit einem Korb auf dem Rücken, über den trockenes Leseholz und Stangen weit heraus ragten. Ausweichen konnte ich nicht, sie sahen meine Verlegenheit und riefen mir zu, stehen zu bleiben. Ich drückte mich fest an die Felsenwand und die Weiber traten um mich herum, während ihre schwere Last über den Pfad hinausragte. [...] Wer die schwindligen Pfade oberhalb Schandaus kennt, der wird mir in meinem Erstaunen beistimmen.«[33]

Caspar David Friedrich__**Blick vom Wolfsgraben auf Krippen**
9. Juni 1813, G 684, Privatbesitz

Der Kohlbornstein dominiert das Bild. Die Elbe ist durch den Vordergrund verdeckt.

Adrian Ludwig Richter_**Blick von der Ostrauer Scheibe auf Krippen**, 1823 (Ausschnitt), Stiftung Hasse

Zschirnsteine und Kohlbornstein bilden die Kulisse von Krippen.

Blick über die Elbe auf den Wolfsgraben. Es lohnt sich durch den Wolfsgraben nach Ostrau hinauf zu steigen. Allerdings ist der Rückblick auf Krippen durch den Waldbestand erheblich eingeschränkt.

Blick vom Wolfsgraben auf Krippen, 1896, Foto: Hermann Krone.

Friedrich und Schandau

Schandau war und ist der zentrale Ort für einen Besuch der hinteren Sächsischen Schweiz. So ist davon auszugehen, dass Friedrich mehrfach durch Schandau gekommen ist. Eine heute verschollene Sepiazeichnung mit dem Blick auf Schandau und dem Lilienstein im Hintergrund von 1802 ist der erste Beleg dafür (13). Da die Zeichnung in der Nähe von Krippen entstand, kann man davon ausgehen, dass Friedrich auch das Fischerdorf kannte. Den Blick über das malerische Krippener Fährhaus über die Elbe zu den Postelwitzer Steinbrüchen hatte auch Friedrich vor Augen, als er 1813 in Krippen wohnte. Vielleicht hat er sogar die Steinbrüche besucht, als er am 9. Juni 1813 den Wolfsgrabenblick auf der anderen Elbseite gezeichnet hat.

(13) Caspar David Friedrich__**Blick über Krippen nach Schandau mit dem Lilienstein**
27. September 1802, G 352, Verbleib unbekannt

Blick vom Krippener Elbufer nach Schandau mit dem Lilienstein, Vergleichsfoto.

(13) Johann Friedrich Franz Bruder__**Krippen mit den Schrammsteinen**, um 1830, Stiftung Hasse

(13) Johann Gottfried Jentzsch__**Postelwitzer Steinbrüche** um 1800, Staatliche Kunstsammlungen Dresden, Kupferstich-Kabinett

Johann Philipp Veith__**Schandau**
1794, Stiftung Hasse

Friedrich mag sein erstes Wissen über Schandau von seinem einstigen Dresdner Wohngenossen Johann Philipp Veith (1768–1837) vermittelt bekommen haben, ein Zingg-Schüler, der seinerzeit Karl August Engelhardt als Illustrator bei dessen »Mahlerischen Wanderungen « (1794/95) begleitet hatte:

> K. A. Engelhard: »Schandau liegt auf einer schmalen Fläche an der Elbe, im Rücken hohe Felsen, zur Seite nach Böhmen den grosen Winterberg, der den Ausgang der Eergschluchten zu verschließen scheint, vor sich die Elbe, wo immer alles von Obst- Getraide- und Holzschiffen wimmelt. Während mein Freund zeichnet, sehe ich im Geiste die Hermunduren und Sorbenwenden hier über die Elbe setzen, denke mir, wie es, da diese noch die Gegenden ringsum bewohnten, vielleicht hier ausgesehen haben möge, und freue mich des Anblicks, Menschen durch Handel und Ackerbau da thätig zu sehen, wo iene einst nur den Streitkolben führten und das Schlachtschwerd wetzten. Daß die Sorbenwenden hier eine Überfarth über die Elbe haben mochten, beweist noch der Name des, gleich neben Schandau liegenden, Dorfs Wendischfähre, das vermuthlich älter als Schandau ist. [...]
> Die Stadt ist ganz artig gebaut und durch viele neue und geschmackvolleHäuser verschönert.«[36]

Caspar David Friedrich__**Ortschaft im Tal** (Schandau)
1806, G 458, Oslo, Nationalmuseum

Caspar David Friedrich hat 1806 einen Blick auf Schandau gezeichnet. Auf seiner Zeichnung, die am Elbufer bei Wendischfähre entstand, ist die alte Prossener Elbinsel zu sehen. Die kleine Siedlung an der »wendischen Fähre« lag an der Mündung des Lachsbaches. 1875–77 wurde die erste Elbbrücke gebaut. Bis dahin gab es nur eine Fährverbindung über die Elbe. Das Vergleichsfoto entstand auf der Elbbrücke.

Auch im Mai 1818 muss Friedrich durch Schandau gekommen sein. Begleitet von seiner jungen Frau Caroline und dem Freund Friedrich Gotthelf Kummer traf er sich mit Carl Gustav Carus zu einer mehrtägigen Tour durch die hintere Sächsische Schweiz. Bei dieser Wanderung entstand eine Kuhstallzeichnung. Weitere Zeichnungen kennen wir von dieser Wanderung nicht. Seinen Bruder lädt er 1821 ein: »[...] dann wollten wir eine schöne Reise zusammen machen, aber ohne Weibsbilder; denn das ist Lumperei. Du hast doch nur einen kleinen Theil der hiesigen Naturschönheiten [...] gesehen «.[34]

Friedrichs russischer Freund Wassili Schukowski hat 1821 eine mehrtägige Wanderung durch die Sächsische Schweiz unternommen. Man kann wohl annehmen, dass die Anregung von Friedrich gekommen ist. In einem ausführlichen Brief an die russische Großfürstin Alexandra Feodorowna hat er ausführlich über diese Reise berichtet und auch über den Aufenthalt in Schandau, wo er zwei Mal übernachtet hat:

> »Schandau ist berühmt für seine Mineralwässer und Bäder. Wir hielten außerhalb der Stadt in einer Taverne, wo es auch Bäder gibt. Die Lage ist malerisch; aber wir hatten keine Lust mehr auf malerische Situationen; Müdigkeit und ihr Bruder Hunger behinderten uns. Wir haben den Hunger mit einem köstlichen Abendessen be-

Vergleichsfoto zu Ortschaft im Tal, Blick auf Bad Schandau.

seitigt, und die Müdigkeit hat zu einem hilfreichen Schlaf verholfen, und ich kann Ihrer Hoheit versichern, dass sowohl mein Kamerad als auch ich im Schlaf der Gerechten geruht haben, für unser beider Gewissen (zumindest für diesen Moment), und waren sehr unschuldig. [...] Bei Hirnischkretschen wartete ein Boot auf uns, und wir fuhren auf der Elbe nach Schandau. Trotz der abendlichen Feuchtigkeit war unsere Fahrt angenehm: Zwischen den Felsen, die sich wie Mauern am rechten Ufer des Flusses erheben, ist eine wegen ihrer Figur bemerkenswert. Sie wird die Königsnase genannt. Sie sehen tatsächlich das Profil eines riesigen Kopfes wenn man hinter einem Felsen auf das Wasser blickt, ändert dieser Kopf mit der Bewegung des Bootes ständig sowohl die Physiognomie als auch die Position; schließlich legt sie sich hin und verschwindet. Mehrere in die Höhe gewachsene Tannen wirken wie ein Blumenstrauß an der Brust eines steinernen Riesen. Es war fast Nacht, als wir nach Schandau zurückkehrten, genauso müde und hungrig wie am Tag zuvor. Da aber in Schandau wieder wohlschmeckende Forellen gefunden wurden und unser Gewissen noch immer tadellos war, aßen wir wie am Vorabend mit Appetit zu Abend und fielen in den tiefen Schlaf der Gerechten.«[35]

Auf Friedrichs Sepiazeichnung **Blick über Krippen nach Schandau mit dem Lilienstein** vom 27. September 1802 ist ganz rechts die von Schukowski genannte Königsnase zu sehen.

Zwischen Tharandt und Kriebstein

Abb. rechts:
Burg Kriebstein

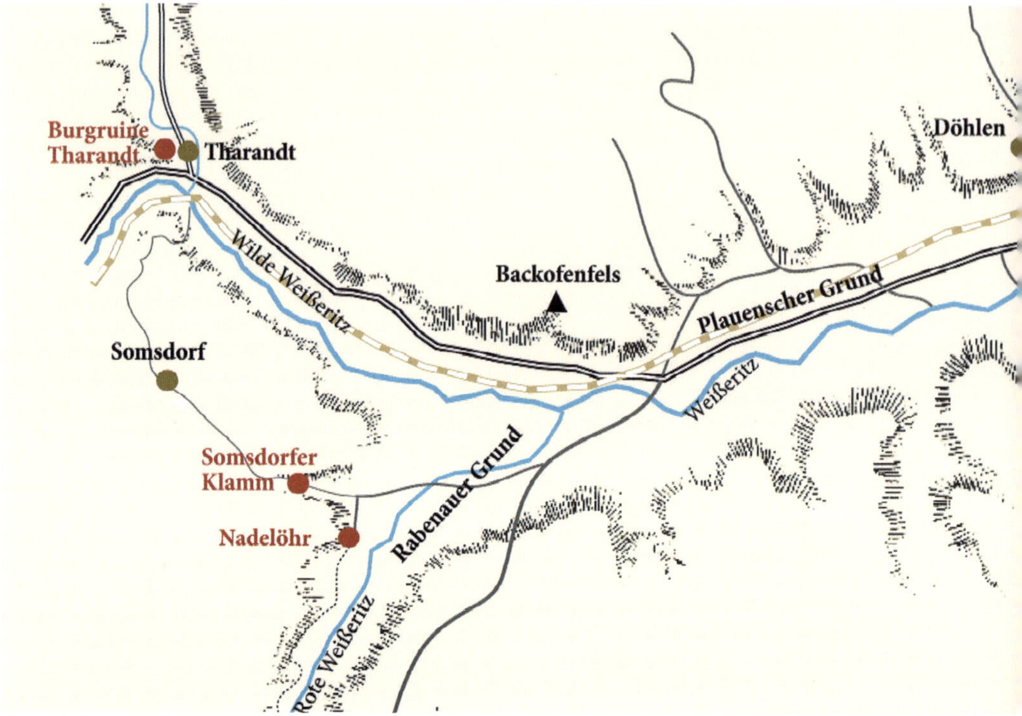

Der Plauensche Grund um 1820, vereinfachte Darstellung, einschließlich der 1855 gebauten Eisenbahnlinie

Der Plauensche Grund und Tharandt

Meyers Reisebücher (Dresden), 1902:

> »In den Plauenschen Grund, den untern Teil des Thals der aus dem Erzgebirge kommenden Weißeritz, die vor dem Eintritt in das Elbthal ein gewaltiges Syenit- und Porphyrmassiv zu durchbrechen hatte. Im vorigen Jahrhundert galt der Grund in Dresden beinahe als der Inbegriff aller landschaftlichen Schönheit; in neuerer Zeit hat er durch Anlegung der Eisenbahn, durch Steinbrüche und die Umwandlung der frühern idyllischen Mühlen in große gewerbliche Anlagen sehr gelitten; immerhin ist sein Besuch auch jetzt noch lohnend.«[37]

Der Plauensche Grund war eine der Lieblingslandschaften der Dresdner Künstler. Zwischen 1770 und 1830 sollen mehr als tausend Kunstblätter von diesem Tal entstanden sein. Der Bogen spannt sich von Johann Alexander Thiele bis hin zu Adrian Ludwig Richter. Selbst Anton Graff, der berühmte Porträtmaler, hat Landschaften des Plauenschen Grundes gemalt. Die wild rauschende Weißeritz mit ihren Mühlen, die Felshänge, der markante Windberg oder die Tharandter Burgruine und die malerische Kirche auf demselben Felssporn boten Motive über Motive.

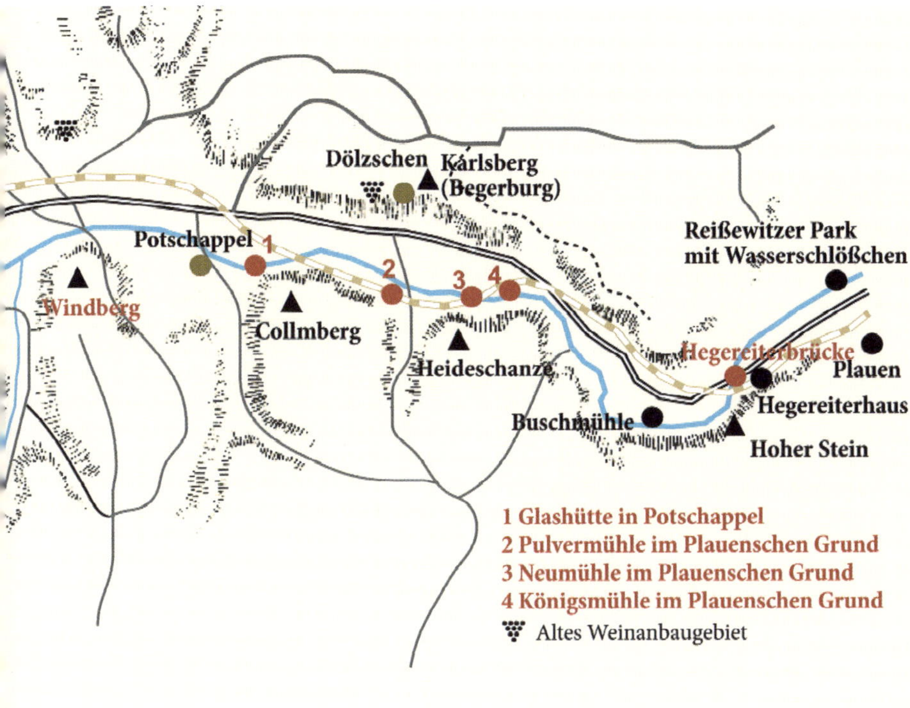

Friedrich erlebte den Plauenschen Grund um 1800 als zwar kultivierten, aber noch weitgehend intakten Naturraum. Reichlich fünfzig Jahre später, 1855/56 mit der Eröffnung der Eisenbahnlinie, der Albertbahn, und dem Bau der Sächsischen Gußstahlfabrik in Döhlen begann ein neues Zeitalter:

> »Alles bildete ein reizendes Ganzes,
> eine kleine abgesonderte Welt.
> In mannigfaltigen Formen umrahmen
> Berge und Hügel die breite Aue,
> trotz zahlreichen Wohnstätten, finden
> grüne Wiesen und fruchtbare Felder
> immer noch Raum und mitten durch
> den ebenen Talgrund ziehen eiserne
> Gleise ihre schnurgerade Bahn.
> Dabei ist alles Leben und Thätigkeit.
> Den Fabriken entquellen Rauchwolken, dumpf donnernd erdröhnen die
> Dampfhämmer des Gußstahlfabrik,
> und mit schrillen Pfiffen warnt die
> rastlos hin und her dampfende Lokomotive! Alles trägt den Charakter
> einer Gegend, die reich durch ihre
> unterirdischen Schätze – das schwarze
> Gold – bevorzugt durch ihre günstige
> Lage – nahe der Hauptstadt – zu
> einer bedeutungsvollen Stätte der
> Industrie, der Gewerbetätigkeit und
> des Verkehrs sich emporgeschwungen
> hat, wie wenig andere in unserem
> Vaterlande.«[38]

Caspar David Friedrich__**Bauernhäuser vor Berghang**
4. August 1799, G 155 recto, Kunstpalast Düsseldorf

J. A. Darnstedt__**Ansicht von Potschappel**
Privatsammlung

Die alten Dörfer des Plauenschen Grundes sind heute kaum noch erkennbar. Alles ist in die Stadt Freital aufgegangen. Die Mühlen, die Friedrich gemalt hat, sind verschwunden. Die Weißeritz ist gezähmt und in ein festes Bett gezwängt. Wo Friedrichs Steinstudien am Bach entstanden, ist im Grunde nicht mehr festzumachen. Vielleicht im Plauenschen Grund, vielleicht manche im Rabenauer Grund, der allerdings wegemäßig zu Friedrichs Zeit auch nur teilweise erschlossen war. In der Somsdorfer Klamm finden wir Felsklippen, die sofort an Friedrich erinnern.

Im Gegensatz zum Plauenschen Grund kann man im Rabenauer Grund wunderbar wandern und sich von den steilen Hängen, den Felsklippen und den Steinen in der Roten Weißeritz in Friedrichs Gedankenwelt hineinversetzen, auch wenn die Motive im Detail abweichen.

In einem Brief in Versen an seinen Bruder Heinrich (um 1802) schildert Friedrich eine Wanderung von Dresden nach Tharandt. Er benennt die wichtigsten Orte, die sich in der Übersichtskarte wiederfinden lassen. Er schildert seine Eindrücke und lässt uns auch nach mehr als 200 Jahren an seiner Begeisterung teilnehmen.

Bis auf die Blätter, auf denen der Windberg abgebildet ist, lässt sich heute keine von Friedrichs gezeichneten Ansichten im Plauenschen Grund mit dem aktuellen Zustand vergleichen. Die hier abgebildeten Zeichnungen mögen Friedrichs besondere Wertschätzung des Plauenschen Grundes verdeutlichen. Mit Hilfe einer Veröffentlichung von Wilhelm Gottlieb Becker zum Plauenschen Grund (1799) konnte auf dem Blatt **Bauernhäuser am Berghang** der Ort lokalisiert werden, nämlich Potschappel (Helmut Börsch-Supan). Der **Landweg mit Bach und Brücke** wurde ebenfalls von Börsch-Supan als eine Stelle kurz unterhalb der Hegereiterbrücke identifiziert.

Wilhelm Gottlieb Becker in »Der Plauische Grund bei Dresden« (1799):

> »Der schöne halbbewachsene Berg, der sich hinter [dem Dorf Potschappel] erhebt, macht das Innere seiner Lage noch malerischer und interessanter [...]. Vorher liegt noch ein geräumiges Haus, für Fremde oder Einheimische zum Vermieten bestimmt, man muss gestehen, dass es ein beifallswürdiger Gedanke war, in einer so schönen Gegend auch eine Sommerwohnung für andere zu bauen.«[39]

Caspar David Friedrich__**Landweg mit Bach und Brücke**
um 1802, G 350, Hamburger Kunsthalle

Oeser/Darnstedt__**Plauenscher Grund**
um 1799, Privatsammlung

Auf Friedrichs Blatt ist ein Wanderer in Rückenansicht zu sehen. Auf dem Zaun sitzt eine weitere Figur. An einer Brücke aus aufgelegten Holzbohlen ohne Geländer steht ein schräges Kreuz. Das überdimensionierte Kreuz scheint eine Erfindung Friedrichs zu sein. Der Fluss, der hier eher wie ein Bach aussieht, ist die Weißeritz.

Der Vergleich mit der darunter abgebildeten Ansicht aus Beckers »Der Plauische Grund bei Dresden« stützt die Lokalisierung der Stelle, auch wenn man sich heute kein Bild mehr von der damaligen Situation machen kann.

Caspar David Friedrich__**Weite Landschaft mit Dorf und Brücke**
1799, G 148, Frankfurt, Städel Museum

Für das einstige Dorf Döhlen konnte eine Vergleichsabbildung gefunden werden, mit der sich Friedrichs Zeichnung lokalisieren lässt.

Anonym__**Blick auf Döhlen**
Anfang 19. Jahrhundert, Städtische Kunstsammlungen Freital auf Schloss Burgk

Das Dorf Döhlen, so wie es Friedrich gezeichnet hat, existiert heute nicht mehr. Es zeigt aber, dass der Maler die weitere Umgebung des Plauenschen Grundes erkundet hat.

Caspar David Friedrich
__Landschaft mit Hütte und Pforte
7. August 1802, G 348,
Verbleib unbekannt

Blick von Döhlen zum Windberg. Beim Windberg, dem markanten Hausberg Freitals, der wie eine Landmarke fungiert, ist die Lokalisierung problemlos.

Auf der **Landschaft mit Hütte und Pforte** ist der Windberg zu sehen. Auf der Zeichnung **Blick in eine Landschaft** stellte Friedrich den Blick von der Somsdorfer Höhe in den Plauenschen Grund dar. Rechts ist ebenfalls der Windberg zu sehen. Die **Landschaft mit Weinbergtor** verweist auf die alten Weinbaugebiete auf dem Südhang des Plauenschen Grundes. Eine identische Zeichnung zur Friedrichs **Weinbergtor** von Carl Gustav Carus ist mit **Weinbergtor bei Dölzschen** bezeichnet. Wenn Carus' Titel stimmt, dann gehört Friedrichs Tor auch nach Dölzschen, überprüfen lässt es sich nicht mehr.

Caspar David Friedrich__**Blick in eine Landschaft**
1802/03, G 292 verso, Hamburger Kunsthalle

Caspar David Friedrich__**Landschaft mit Weinbergtor**
1824, G 857, Staatliche Kunstsammlungen Dresden,
Kupferstich-Kabinett

Caspar David Friedrich__**Burgruine und Kirche von Tharandt**
1799, G 149, Staatliche Museen zu Berlin, Kupferstichkabinett

Caspar David Friedrich__**Landschaft mit Burgruine und Kirche von Tharandt und Paar im Vordergrund**
1818, G 517, Oslo, Nationalmuseum

Blick zu Burgruine und Kirche von Tharandt.

Von einigen Orten, die Caspar David Friedrich in einem Briefgedicht an seinen Bruder Christian und den Schwager Joachim Paefke genannt hatte, kennen wir auch Darstellungen. Allen voran die Burgruine von Tharandt mit der benachbarten Kirche auf demselben Bergsporn. Das ist einer der wenigen Orte, die wir hier nahezu unverändert erleben können.

Hingegen von den Mühlen und der Glasfabrik, die Friedrich auf den großformatigen Gouache-Blättern (folgende Doppelseite) gemalt hat, ist nichts mehr zu sehen.

Caspar David Friedrich an Bruder Christian und Schwager Joachim Paefke, um 1802:

> »[...] Da fiel mirs ein, nach Tharant zu gehen, / Den kleinen, niedlichen Städtchen. / Drei Stunden nur liegt's von Dresden entfernt / Im schönen anmuthigen Thale / Von Bergen umschlossen, mit Buchen bekränzt / Die strebende Höhe derselben. [...] / Es rauschte die wilde Weisseritz / Kühl flüsterten durch Erlen die Winde. / Aus nahem Dorfe, Plauen genannt, / War hörbar schon des Wasserfalls Getöse. / Gleich hinter dem Dorfe erheben sich / Die Felsen zur Rechten und Linken, / Mit Bäumen und Büschen mancherlei Art / Und schwellendem Moose bewachsen. / Schön ists vor quaderner Brücke zu stehen, / Umgeben ringsum von Felsen, / Wo durch der Brücke Bogen man sieht / Die weisse Buschmühle liegen. / Das tosende Wasser stürzt schäumend sich / An grauer Granitwand hinunter. / Man höret sein eigenes Wort kaum noch, / Auch nicht der Mühle Geklapper. / Und weiter ging ich im Grunde fort, / Bewundernd die schöne Umgebung / Von Felsen und Bäumen, von Gärten und Wiesen, / Mich freute die Klarheit des Spiegels im Wasser [...], / Die grosse Hälfte des Weges / War bereits zurück schon gelegt, / Da setzt ich mich hin, zu zeichnen / Den Wind-

Caspar David Friedrich__**Die Glashütte in Potschappel**
um 1802, BS/J 88, Dresden, Stadtmuseum

berg, den höchsten der Gegend. [...] / Ich hörte halb – es war auf elf – / Die Klocke im Thurme schon schlagen, / Drauf sah ich schon bald die alte Burg / Am felsigen Abhange liegen [...], / Ich kam ins Städtchen, doch weilte ich nicht, / Gieng gleich hinauf zur Ruine, / Der schmale Fusspfad den Felsen hinan / Führt mich an der Kirche vorüber. / Ich trat ins offene Gotteshaus / Voll Rührung und Andacht im Herzen, / Blieb vor des Altars Stufen stehn / Zum Gebet die Hände gefaltet – / Nun gieng ich weiter der Burg zu / Die stolz in Trümmern noch pranget / Mit Pfeiler und Bogen und hohem Gemäuer / In grauer Zeit noch erbauet –– / Schön ist von dieser Höh zu schauen / Des Schöpfers Werke umher / Das Thal in drei Arme teilet sich / Nach Norden, Osten und Westen. / Die waldigen Höhen, die schroffen Felsen, / Die fruchtbaren Äcker und Wiesen, / Und unten das Städtchen, sehr reinlich und nett, / Wer kann die Schönheit beschreiben? [...] / Ich trat nunmehr den Rückweg an, [...] / Und nahe an der Königsmühle, / Die vorher nicht erwähnet, / Hört ich der Hörner muntern Ton [...]«[40]

Caspar David Friedrich
__Die Pulvermühle im Plauenschen Grund
um 1802, BS/J 87, Dresden,
Stadtmuseum

Caspar David Friedrich
__Die Neumühle im Plauenschen Grund
um 1802, BS/J 86, Dresden,
Stadtmuseum

Caspar David Friedrich
__Die Königsmühle im Plauenschen Grund
um 1802, BS/J 85, Dresden,
Stadtmuseum

Casper David Friedrich__**Briefseite an Luise Seidler, Friedrich zeichnet in einer Höhle,** G 715, Staatliche Kunstsammlungen Dresden, Kupferstich-Kabinett

Vergleichsfoto: Das Nadelöhr im Rabenauer Grund.

__Felsstudien

In einem Brief an die befreundete Malerin Luise Seidler am 2. Mai 1814 nennt Caspar David Friedrich den Ort, wo er ihren eben erhaltenen Brief gelesen hat, den Plauenschen Grund. Und er fügt eine Skizze hinzu, die ihn zeichnend in einer Höhle zeigt. Der Hinweis auf Kuchen und Braten steht wohl in Beziehung zur Hochzeit von Seidlers Schwester, von der sie ihm berichtet hatte.

> »Am rauschenden Wasserfall im Plauischen Grund hab ich Ihren Brief gelesen (auf dem Wege dahin erhielt ich Ihren Brief); und ich bekam von all den Kochen und Braten das Sausen und Brausen lust [mit] zu genießen.
>
> Wenn doch im augenblicke die Felsen zu Kuchen und Braten geworden weren und das Wasser zu Wein; es were gewiß eine neue Höle entstanden und das tobende Wasser were zu einem rieselnden Bächlein geworden. Dann hätte ich mich mit vollen Magen vor mein Werk hingesetzt und es verewigt. In diesem augenblick stellt sich alles mir so lebendig vor daß ich versuchen muß, Ihnen einen kleinen Entwurf davon zu geben.«[41]

Etwas irritierend ist der Hinweis auf den *rauschenden Wasserfall* in Beziehung zur gezeichneten Höhle. Im Plauenschen Grund gab es keinen natürlichen Wasserfall. Allerdings bezeichnete man das hohe Wehr bei der Hegereiterbrücke als Wasserfall. Dazu Wilhelm Gottlieb Becker, 1799:

»[...] die Brücke (Hegereiterbrücke) mit ihrem breiten getäfelten Wehr, das einen künstlichen Wasserfall bildet. [...] Man betrachte das schäumende Wehr, das einem natürlichen Wasserfall gleicht; oberhalb desselben den ruhigen Wasserspiegel der die umliegenden Gegenstände verdoppelt; [...] zur linken eine malerische Bergwand; [...] gegenüber die große felsige Bergmasse.«[42]

Von der Forschung nicht angezweifelt, erinnert die gezeichnete Höhle an das Nadelöhr im Rabenauer Grund. Die reale Höhle weicht allerdings von Friedrichs Zeichnung ab. Man weiß nicht, wie die Höhle 1834 aussah, als durch sie hindurch der Wanderweg angelegt wurde. Sicher lag die Sohle ursprünglich tiefer. Auch hier, an der Roten Weißeritz gab es keinen Wasserfall.

Eine konkrete Lokalisierung dieser und der folgenden Zeichnungen ist heute kaum noch möglich. Zuviel hat sich im Plauenschen und auch im Rabenauer Grund verändert. Man findet wohl sehr ähnliche Felsstrukturen, aber letzte Sicherheiten gibt es nicht. Erschwert wird eine Suche zudem dadurch, dass Friedrich keine Ortsangaben gemacht hat. So kann die eine oder andere Zeichnung auch an anderen Stellen entstanden sein. Vielleicht an der Großen Striegis oder in einem der Muldentäler. Trotzdem bieten die Zeichnungen vielfältige Anregungen zur Naturbeobachtung.

Caspar David Friedrich__**Felshang**
9. Juni 1799, G 109 recto,
Staatliche Museen zu Berlin,
Kupferstichkabinett

Caspar David Friedrich_**Felsstudien**
17. August 1799, G 174 recto, Staatliche Museen zu Berlin, Kupferstichkabinett

Caspar David Friedrich_**Felsstudien**
20. Mai 1799, G 110 recto, Staatliche Museen zu Berlin, Kupferstichkabinett

Vergleichsfoto: Steine in der Roten Weißeritz.

Vergleichsfoto: Steine in der Roten Weißeritz.

Caspar David Friedrich_**Baumstudie**
25. September 1799, G 180 verso, Staatliche Museen zu Berlin, Kupferstichkabinett

Vergleichsfoto: Felshang im Rabenauer Grund.

Caspar David Friedrich_**Felsstudie**
2. Oktober 1799 (Ausschnitt), G 181 recto, Staatliche Museen zu Berlin, Kupferstichkabinett

Caspar David Friedrich_**Felsformation**
10./12. August 1799 (Ausschnitt), G 169 recto, Staatliche Museen zu Berlin, Kupferstichkabinett

Vergleichsfoto: ähnlicher Felsen in der Somsdorfer Klamm.

Caspar David Friedrich_**Felsformation**
10. August 1799 (Ausschnitt), G 168 recto, Staatliche Museen zu Berlin, Kupferstichkabinett

Vergleichsfoto: Felsformation im Rabenauer Grund, die von ihrer Struktur her an die nebenstehende Studie erinnert.

Caspar David Friedrich auf dem Weg __nach Meissen

Zu Meißen hatte der Maler eine frühe Beziehung. Im Oktober 1800 schreibt er an Johan Ludvig Lund, dass er mit einem Gefährten den Architekturmaler Jes Bundsen bei seinem Weggang aus Dresden bis nach Meißen begleitet hätte. Vielleicht war das am 9. September. An diesem Tag besuchte Friedrich die Ruine des einstigen Benediktinerinnen-Klosters Heilig Kreuz und zeichnete in der Klosterruine. Zu großen Teilen ist diese Ruine heute noch so zu erleben wie zu Friedrichs Zeit.

Eine bisher nicht lokalisierte Landschaftsstudie aus dem Karlsruher Skizzenbuch von 1804 führt uns wieder nach Meissen, bzw. bis dicht an die Stadt heran. Friedrich zeichnete kurz unterhalb von Reppina (heute ein Ortsteil von Scharfenberg), genau gegenüber liegt das

Caspar David Friedrich__**Landschaftsstudie** (Gebirgszug)
1804, G 412 recto, Eigentum der Ernst von Siemens Kunststiftung, des Kupferstichkabinetts – Staatliche Museen zu Berlin, Stiftung Preußischer Kulturbesitz, des Kupferstich-Kabinetts der Staatlichen Kunstsammlungen Dresden, der Klassik Stiftung Weimar, Direktion Museen. Erworben mit Mitteln der Kulturstiftung der Länder sowie für Dresden mit Unterstützung der Liebelt-Stiftung, Hamburg, von Dr. Henning Hoesch, dem Verein der Freunde des Kupferstich-Kabinetts Dresden e.V., Dr. Martin Schröder, Michael und Elke von Brentano und weiterer Spender.

Dorf Brockwitz, einen Blick zum jenseits der Elbe liegenden Spaargebirge. Links am Fuß des Berghanges ist ein größeres Haus zu sehen, das sogenannte Rote Haus, eine ehemalige Weinpresse. Der Höhenzug ist zwar markant, doch mit einem Gebirge haben die Hügel mit der berühmten Boselaussicht wirklich nichts zu tun. Etwas irritierend ist das von Friedrich auf der rechten Bergspitze gezeichnete Gebäude. Es war einst ein Lusthaus, das nach 1860 verfiel und abgebrochen wurde.

Vergleichsfoto: Spaargebirge, Blick vom Radweg am linken Elbufer bei Reppina.

Friedrich muss einmal auf der Boselspitze gestanden haben, denn es gibt ein Aquarell, das den Blick über die Gauernitzer Elbinsel auf Dresden und bis hin zu den Tafelbergen der Sächsischen Schweiz zeigt. Weil das Format des Hamburger Aquarells nahezu das gleiche Format wie die Blätter des Karlsruher Skizzenbuches hat, ist es nicht ganz auszuschließen, dass die entsprechende Landschaftsstudie zu den verschollenen Blättern des Skizzenbuches gehört.

Caspar David Friedrich__**Pforte in der Gartenmauer** (Blick auf Dresden)
um 1828/30, G 927, Hamburger Kunsthalle

Vergleichsfoto: Blick von der Boselspitze auf Dresden
(im Mittelgrund die bewaldete Gauernitzer Elbinsel).

Meißen mit der Klosterruine Heilig Kreuz

1818 war Georg Friedrich Kersting »Malvorsteher« der Meißner Porzellanmanufaktor geworden und hatte geheiratet. Die Freundschaft zu Friedrich lebte wieder auf und bezog auch die Familien ein. Kersting hat Friedrich und seine Frau im September 1818 zur Weinlese nach Meißen eingeladen. Er wolle dabei auch Karl (seinem Bruder) den gewaltigen Dom zeigen. Möglicherweise war Friedrich beim Dombesuch mit von der Partie. Im Sommer 1822 weilte Friedrichs Frau Caroline mit den Kindern mehrere Wochen bei Kerstings, die damals in Neudörfchen bei Meißen wohnten, wie wir aus fünf Briefen an Caroline erfahren.

1824 entstanden eine Reihe von Studien in Meißen. Bemerkenswert ist ein **Blick auf Meißen**, wo der Dom zwei Westtürme hat. Das ist eine Erfindung Friedrichs, denn der Westbau des gotischen Domes erhielt seine Türme erst zwischen 1903 und 1909 in neugotischem Stil.

Friedrich zeichnete auch die alte Elbbrücke, damals die einzige Elbbrücke zwischen Dresden und Torgau und variierte das Motiv mehrfach. Auch wenn die Brücke längst verschwunden ist, kann ein Blick in die Vergangenheit anregend sein.

Eine in den letzten Jahren aufgetauchte Aquarellzeichnung zeigt einen Blick über die Elbe auf den Burgberg. Auf diesem Blatt hat Friedrich den Dom der Realität entsprechend ohne die Westtürme gezeichnet. Als naturnahe Vedute passt dieses Blatt gut zu drei Aquarellen von 1824 mit Tormotiven der Klosterruine Heilig Kreuz. An diesem malerischen Ort hatte Friedrich bereits im Jahr 1800 gezeichnet.

In einem späten, verschollenen Gemälde hat Friedrich das Innere des Meißner Domes als Ruine dargestellt.

Vergleichsfoto: Blick zum Meißner Dom, Postkarte 1920 (Ausschnitt).

Vergleichsfoto: Blick zur St. Urbankirche in Meißen-Cölln (kleinere helle Kirche mit Barockhaube).

Caspar David Friedrich__**Blick auf Meißen**
Oktober 1824, G 860, Staatliche Kunstsammlungen
Dresden, Kupferstich-Kabinett

Caspar David Friedrich__**Gotischer Kirchturm in Meißen**
Oktober 1824, G 861, Staatliche Kunstsammlungen
Dresden, Kupferstich-Kabinett

Caspar David Friedrich__**Blick auf Meißen**
um 1824, Privatbesitz

Vergleichsfoto: Blick zum Meißner Burgberg
mit Albrechtsburg und Dom.

Caspar David Friedrich_**Alte Brücke bei Meißen**
nach 1816, spätestens 1828, G 759, Kunsthalle Mannheim

Conrad Caspar Rohrsdorf_**Alte Elbbrücke von Meißen**
um 1820 (Ausschnitt), Privatbesitz

Die mehrfach zerstörte Brücke wurde 1933/34 durch einen Neubau ersetzt.

Caspar David Friedrich__**Klosterruine Heilig Kreuz bei Meißen**
9. September 1800 (Ausschnitt), G 243 recto, Veste Coburg

Vergleichsfoto: Ostgiebelwand der Klosterruine Heilig Kreuz.

Caspar David Friedrich__**Klosterruine Heilig Kreuz bei Meißen**
9. September 1800, G 245, Staatliche Kunstsammlungen Dresden, Kupferstich-Kabinett

Vergleichsfoto: Ostteil der Klosterruine Heilig Kreuz.

Caspar David Friedrich__**Eingang zur Klosterruine Heilig Kreuz bei Meißen**, um 1824, G 854, Hamburger Kunsthalle

Vergleichsfoto: Eingang zur Klosterruine Heilig Kreuz bei Meißen.

Caspar David Friedrich__**Eingang zur Klosterruine Heilig Kreuz bei Meißen**, um 1824, G 852, Musée des Beaux-Arts d'Angers

Vergleichsfoto: Eingang zur Klosterruine Heilig Kreuz bei Meißen.

Caspar David Friedrich__**Feuer in einer gotischen Kirchenruine**
um 1800, G 313, 2024 in Berlin bei Grisebach versteigert

Caspar David Friedrich__**Gotische Kirchenruine mit Mönch**
um 1814/15, G 867, Hamburger Kunsthalle

Friedrich verwendetete die Zeichnung von der Ostgiebelwand der Klosterruine Heilig Kreuz bei Meißen vom 9. September 1800 in einem frühen unvollendetem Sepiablatt **Feuer in einer gotischen Kirchenruine** und in einer späteren Darstellung **Gotische Kircheruine mit Mönch**. Diese Giebelwand ist weitgehend noch heute erhalten, und so kann vor Ort der Vergleich mit Friedrichs Ansichten erfolgen. Interessant ist, dass dieses Blatt eigenhändig von Friedrich signiert wurde, ein seltener Fall. Möglicherweise war das Blatt ein Geschenk, worauf auch die Rahmung hinweist.

Erinnerung an Schloss __Scharfenberg

Nahe bei Meißen auf einem Bergsporn steht das Schloss Scharfenberg, das Friedrich im November 1800 zwei Mal gezeichnet hat. Die Blätter des Kleinen Mannheimer Skizzenbuches sind verschollen. Er muss das Schloss in verwahrlostem Zustand gesehen haben. Spätestens ab 1812 wurde es ein bekannter Treffpunkt eines Freundeskreises um Carl Borromäus von Miltitz, bekannt unter »Scharfenberger Kreis«. 1821 stellte Friedrich in Dresden ein kleines Gemälde aus, **Das halbverfallene Schloss Scharfenberg im Winter**. In einem Brief benannte er es als »Überreste des Schlosses Scharfenberg bei Meißen, Winterstück«.[45] Auch ohne die verschollenen Bilder lohnt es sich, das Schloss zu besuchen und wenigstens in Gedanken den Zusammenhang zu Friedrich und Scharfenberg herzustellen. Um den optischen Anreiz zu schaffen, sei eine Darstellung von Adrian Zingg beigefügt.

Adrian Zingg__**Schloß Scharfenberg**
um 1800, Staatliche Kunstsammlungen Dresden, Kupferstich-Kabinett

Caspar David Friedrich__**Ansicht von Nossen**
21. Mai 1799, G 111 recto, Staatliche Museen zu Berlin, Kupferstichkabinett

Vergleichsfoto: Nossen, Schloss mit Muldenbrücke.

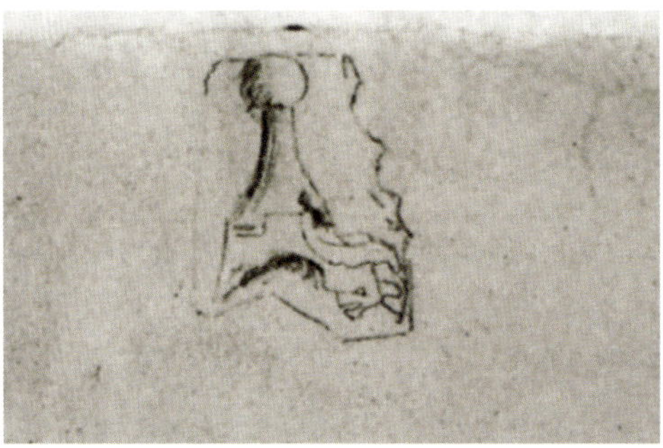

Caspar David Friedrich__**Häusergruppe im Tal**
Architekturdetail, 21. Mai 1799 (Ausschnitt), G 230, Kunsthalle Mannheim

Vergleichsfoto: Fragment einer Grabplatte im Lapidarium von Altzella.

Nossen und __Altzella

In dem bereits erwähnten Brief vom September 1800 wird neben Meißen, Freiberg, Waldheim, Kriebstein und Hainichen auch Nossen genannt. Von Freiberg kennen wir keine Studien, obwohl Friedrich im Brief schrieb, dass er dort ein Bergwerk besucht hat. Auch von Waldheim gibt es keine zeichnerischen Nachweise, hingegen aber von Nossen. Ein frühes Blatt, eine Vedute von Schloss und Muldenbrücke entstand 1799.

Zeichnungen von der Nossener Klosterruine Altzella sind auf den 20. September 1800 datiert. Sie fügen sich in den Komplex von Friedrichs Ruinendarstellungen ein, die allesamt auf eine Lebens- und Schaffenskrise hinweisen. Ob die Kreidezeichnung **Kellergewölbe** ebenfalls im September 1800 entstand, ist schwer zu sagen. Dass die **Häusergruppe im Tal** mit dem Architekturmotiv zu Nossen gehört, zeigt allein der Umstand, dass dieses Fragment einer alten Grabplatte im Lapidarium der Klosteranlage zu besichtigen ist.

Caspar David Friedrich__**Kellergewölbe**
um 1798 (?), G 97, Verbleib unbekannt

Vergleichsfoto: Kellergewölbe (Weinkeller)
im Abteigebäude von Altzella.

Caspar David Friedrich__**Klosterruine Altzella bei Nossen (Abteiruine)**
20. September 1800, G 228 recto, Kunsthalle Mannheim

Vergleichsfoto: Klosterruine Altzella bei Nossen, Ruine des Abteigebäudes.

Vergleichsfoto: Klosterruine Altzella bei Nossen (Sommerrefektorium).

Caspar David Friedrich__**Klosterruine Altzella bei Nossen (Sommerrefektorium)**, 20. September 1800, G 229 recto, Privatbesitz

Caspar David Friedrich
__Klosterruine Altzella bei Nossen (Abteiruine, Schüttgebäude)
21. September 1800, G 226.1 recto, Kunsthalle Mannheim

Der Blick zur Abteiruine ist weitgehend duch die Bäume verdeckt.

Vergleichsfoto: Klosterruine Altzella bei Nossen, Schüttgebäude (Scheune).

Unterwegs im Umfeld __von Hainichen

Es gibt einige wenige Zeichnungen Caspar David Friedrichs, anhand derer wir seinen Aufenthalt in der Umgebung von Hainichen festmachen können. Die Forschung hat uns allerdings jahrelang auf falsche Spuren geschickt. So wird noch im aktuellen Werkverzeichnis (2011) die Ortsansicht als **Landschaft mit zwei Kirchen** bezeichnet und mit Oederan benannt. Es sind jedoch nicht zwei Kirchen, sondern es handelt sich um die Stadtkirche und das Rathaus von Hainichen. Allerdings ist das Stadtbild nach dem Brand von 1832 nicht mehr erhalten. Das Rathaus erhielt nach dem Wiederaufbau ein ähnliches Türmchen. Die Kirche, die den Brand überstand, wurde 1906 abgebrochen und durch einen Neubau ersetzt. Anhand eines alten Stiches lässt sich Friedrichs Ansicht belegen.

Auch die unten stehende Zeichnung wurde jahrelang falsch benannt. Es ist nicht eine **Dorfstraße in Plauen.**[46] Im Werkverzeichnis von Christina Grummt (2011) ist mit **Dorfanger mit Fachwerkhäusern und Kirche** zwar ein allgemeinerer Titel gefunden, aber die Lokalisierung Plauen nicht aufgegeben. Die Verortung ist allerdings sehr schwierig, denn die Kirche, die Friedrich zeichnete, existiert nicht mehr. Es handelt sich um Greifendorf [47] nur wenige Kilometer von Hainichen entfernt. Eine besondere Spannung erhält diese Zeichnung, durch die Frauengestalt, die an einer Hauswand lehnt. Sollte es das von Friedrich im Brief an Lund angedeutete Mädchen (»mein M.«) sein?

Man darf nicht enttäuscht sein, wenn man sich heute Greifendorf und Hainichen anschaut und nichts mehr von Friedrichs Darstellungen erkennt. Belohnt wird man in dieser Hinsicht allerdings bei der Burg Kriebstein, die noch heute so über dem Zschopautal thront wie zu Friedrichs Zeit.

Caspar David Friedrich__**Dorfanger mit Fachwerkhäusern (Greifendorf)**
17. Mai 1799, G 148, Staatliche Museen zu Berlin, Kupferstichkabinett

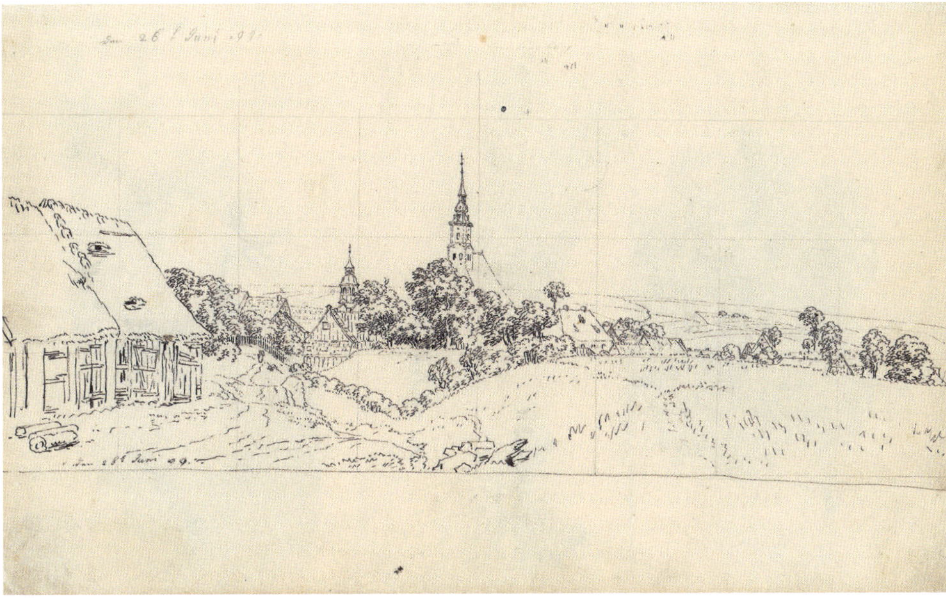

Caspar David Friedrich__**Landstadt mit zwei Kirchen (falscher Titel, Blick auf Hainichen)**
26. Juni 1799, G 213, Hamburger Kunsthalle

Vergleichsbild: Greifendorf, aus der Sächsischen Kirchengalerie, 1840

Blick von der Gegenseite. Die Kirche wurde 1859 abgebrochen und durch einen Neubau ersetzt.

Vergleichsbild: Hainichen, aus der Sächsischen Kirchengalerie, 1840

Blick von der Gegenseite. Das Rathaus wurde bei dem Brand 1832 zerstört. Beim Wiederaufbau erhielt es einen ähnlichen Turm. Die Kirche wurde 1906 abgebrochen und durch einen Neubau ersetzt.

Caspar David Friedrich__**Burg Kriebstein**
(Juni) 1799, (Keine Naturstudie, sondern eine Atelierarbeit),
G 152, Hamburger Kunsthalle

Burg Kriebstein und die Steinbogenbrücke __bei Pappendorf

Am 25. und 26. Juni 1800 war Friedrich außerordentlich aktiv. Vom Mittwoch, dem 25. Juni, haben sich zwei Blätter erhalten. (**Burg Kriebstein** und **Blick auf ein Dorf**). Ein drittes Blatt von der Burg könnte verschollen sein. Das Blatt **Blick auf ein Dorf** muss eine Ortsansicht unmittelbar bei Kriebstein darstellen. Dieser Blick hat sich noch nicht finden lassen.

Des Weiteren existieren vom September 1799 noch einige Ansichten mit Häusern und Baumgruppen, die in das Umfeld von Hainichen und Kriebstein passen, jedoch keine konkreten Anhaltspunkte für eine Lokalisierung bieten. Deshalb wird hier auf eine Darstellung verzichtet.

Am 26. Juni 1799 zeichnete Friedrich die Ansicht von Hainichen (knapp 17 km von Kriebstein entfernt, siehe S. 181). Am selben Tag zog er weiter und zeichnete die bemerkenswerte Brücke über die Große Striegis bei Pappendorf (7 km von Hainichen entfernt). Diese Brücke muss ihn besonders gefesselt haben, denn er zeichnete sie zweimal vor Ort. Außerdem fertigte Friedrich nach den Zeichnungen ein wunderbares Gouacheblatt mit etwas verändertem Umfeld und zwei Staffagefiguren an. Schließlich entstand noch eine Radierung. Das unterstreicht die Bedeutung der Brücke.

Die kleine Brücke ist allerdings auch ein imposantes Bauwerk. Sie wurde um 1720 gebaut und über sie verlief eine alte Poststraße von Chemnitz nach Dresden. Die alten Akten berichten von schwierigen Verhandlungen und Auseinandersetzungen zwischen den umliegenden Dörfern wegen der Finanzierung des Baues.

Caspar David Friedrich__**Burg Kriebstein**
25. Juni 1799, G 212 recto, Greifswald, Pommersches Landesmuseum

Vergleichsfoto: Burg Kriebstein.

Vergleichsfoto: Burg Kriebstein (von leicht abweichendem Standort).

Caspar David Friedrich__**Blick auf ein Dorf**
25. Juni 1799, G 211, Staatliche Museen zu Berlin (nicht lokalisierbar)

Caspar David Friedrich__**Landschaft mit Brücke**
26. Juni 1799, Verbleib unbekannt

Caspar David Friedrich__**Landschaft mit Brücke**
26. Juni 1799, G 214, Frankfurt, Städel Museum

Christina Grummt: »Dargestellt ist ein Fluss in einer Landschaft, über den eine Brücke führt. Die markante Brückenform besteht aus zwei Rundbögen mit dazwischenliegenden, vorgesetzten halben Rundpfeilern; die Brücke besitzt kein Geländer«[48]
Bau- und Kunstdenkmäler Sachsens der Amtshauptmannschaft Döbeln, 1903:

»Brücke über die Große Striegis, nördlich von Pappendorf. In zwei Rundbogen den Bach überschreitend, in der Mitte ein schwerer Pfeiler von halbkreisförmigem Grundriß und entsprechendem Austritt in der Höhe der Brückenbahn. Die Brüstung gleich dem Ganzen in Bruchstein gemauert. Die Brücke ist rund 42 Meter lang.«[49]

Vergleichsfoto I: Historische Steinbogenbrücke über die Große Striegis bei Pappendorf.

Vergleichsfoto II: Historische Steinbogenbrücke über die Große Striegis bei Pappendorf.

Caspar David Friedrich__**Landschaft mit Brücke**
um 1800, G 208, Staatliche Kunstsammlungen Dresden, Kupferstich-Kabinett

Caspar David Friedrich__**Landschaft mit Brücke**
um 1800 (seitenverkehrte Radierung), BS/J 34, Verbleib unbekannt

Anhang

Anmerkungen

1_Hinz, Sigrid (Hrsg.): Caspar David Friedrich in Briefen und Bekenntnissen, Berlin 1968, S. 83.

2_Zitiert nach Busch, Werner: Caspar David Friedrich. Ästhetik und Religion, München 2003, S. 52.

3_Liebermann, Max: Mit Rembrandt in Amsterdam, in: Kunst und Künstler, Jg.19/1921, Heft 7, S. 261 f.

4_Zschoche, Hermann: Caspar David Friedrich. Die Briefe, Hamburg 2006, S. 14, Brief 1.

5_Zschoche, Herrmann: Caspar David Friedrich. Die Briefe, Hamburg 2006, S. 19, Brief 3.

6_Engelhard und Veith: Mahlerische Wanderungen durch Sachsen, Leipzig 1794, S. 2 f.

7_1906 waren im Liebethaler Grund noch neun Steinbrüche im Betrieb. Der letzte wurde 1950 geschlossen. Siehe Kutschke, Dieter: Steinbrüche und Steinbrecher in der Sächsischen Schweiz, Pirna 2000, S. 26.

8_Hofmann, Julius: Das Meissner Hochland oder die Sächsische Schweiz, Pirna 1842, S. 74 f.

9_Nicolai, Carl Heinrich: Wegweiser durch die Sächsische Schweiz, Pirna 1801/Dresden 1990, S. 14.

10_Hoch, Karl-Ludwig: Caspar David Friedrich und die böhmischen Berge, Dresden 1987, S. 91 f.

11_Powell, Cecilia: Turner in Deutschland, München 2000, S. 69.

12_Hinz, Sigrid (Hrsg.): Caspar David Friedrich in Briefen und Bekenntnissen, Berlin 1968, S. 235.

13_Lafleur, Ysop: Sämtliche Werke oder Meiner Herrschaft und meiner Wenigkeit romantische Reise in die sächsischen Sandsteingebirge an der Elbe, Halle 1798.

14_Hoch, Karl-Ludwig: Caspar David Friedrich – unbekannte Dokumente seines Lebens, Dresden 1985, S. 24.

15_Wassili Andrejewitsch Schukowski an die Großfürstin Alexandra Feodorowna am 5. Juli 1821 über eine Reise in die Sächsische Schweiz (nach der Übersetzung von Marina Schulz).

16_Engelhard, Karl August und Veith, Johann Emanuel: Mahlerische Wanderungen durch Sachsen, Leipzig 1794, S. 13.

17_Sumowski, Werner: Caspar David Friedrich-Studien, Wiesbaden 1970, S. 61.

18_Götzinger, Wilhelm Lebrecht: Geschichte und Beschreibung des Chursächsischen Amtes Hohnstein mit Lohmen [...], Freyberg 1786; Nachdruck Sebnitz 1987, S. 25.

19_Engelhard, Karl August und Veith, Johann Emanuel: Mahlerische Wanderungen durch Sachsen, Leipzig 1794, S. 33.

20_Riebe, Holm: Die Farn- und Blütenpflanzen der Sächsischen Schweiz, Bad Schandau 2017, S. 45.

21_Hinz, Sigrid (Hrsg.): Caspar David Friedrich in Briefen und Bekenntnissen, Berlin 1968, S. 93.

22_Meiche, Alfred: Historisch Topographische Beschreibung der Amtshauptmannschaft Pirna, Dresden 1927, S. 150 f.

23_Zschoche, Herrmann: Caspar David Friedrich. Die Briefe, Hamburg 2006, S. 78, Brief 35.

24_Ebd., S. 79, Brief 36.

25_Über Berg und Tal (Zeitschrift des Gebirgsvereins für die Sächsische Schweiz), 4/1913, S. 47–49.

26_Hoch, Karl-Ludwig: Caspar David Friedrich in der Sächsischen Schweiz, Dresden 1995, S. 63.

27_Hoch, Karl-Ludwig: Caspar David Friedrich und die Sächsische Schweiz, in: Sächsische Heimatblätter, Heft 3/1990, S. 103.

28_Wie Anm. 21, S. 134.

29_Carus, Carl Gustav: Briefe und Aufsätze über Landschaftsmalerei, Leipzig und Weimar 1982, S. 21.

30_Hoch, Karl-Ludwig: Caspar David Friedrich in der Sächsischen Schweiz, Dresden 1995, S. 58.

31_Zitiert nach Sumowski, Werner: Caspar David Friedrich-Studien, Wiesbaden 1970, S. 44.

32_Schleiermacher, Friedrich: Über die Religion, zitiert nach Busch, Werner: Caspar David Friedrich. Ästhetik und Religion, München 2003, S. 182.

33_Börsch-Supan, Helmut und Jähnig, Karl Wilhelm: Caspar David Friedrich. Gemälde, Druckgraphik und bildmäßige Zeichnungen, München 1973, S. 147.

34_Zschoche, Herrmann: Caspar David Friedrich. Die Briefe, Hamburg 2006, S. 160 f., Brief 86.

35_Wie Anm. 14.

36_Engelhard, Karl August und Veith, Johann Emanuel: Mahlerische Wanderungen durch Sachsen, Leipzig 1794, S. 53–55.

37_Meyers Reisebücher Dresden, Sächsische Schweiz, Leipzig und Wien 1902, S. 94.

38_Günther, Rolf (Hrsg.): Der Plauensche Grund zwischen Romantik und Industrialisierung, Kat. Ausst. Freital 1996, S. 42.

39_Becker, Wilhelm Gottlieb: Der Plauische Grund bei Dresden, Nürnberg 1799, S. 58.

40_Zschoche, Herrmann: Caspar David Friedrich. Die Briefe, Hamburg 2006, Brief 6.

41_Ebenda, S. 87, Brief 40.

42_Wie Anm. 39, S. 29.

43_Börsch-Supan, Helmut und Jähnig, Karl Wilhelm: Caspar David Friedrich. Gemälde, Druckgraphik und bildmäßige Zeichnungen, München 1973, S. 220.

44_Wie Anm. 38, S. 214 f., Brief 125.

45_Zschoche, Herrmann: Caspar David Friedrich. Die Briefe, Hamburg 2006, S. 154, Brief 82.

46_Bernhard, Marianne (Hrsg.): Caspar David Friedrich. Das gesamte graphische Werk, München 1974, S. 106.

47_Dr. Frank Schmidt, Leiter des Kunstdienstes der evangelischen Kirche in Sachsen, gelang es Ort und Kirche zu identifizieren (persönliche Mitteilung).

48_Grummt, Christina: Caspar David Friedrich. Die Zeichnungen, München 2011, S. 216.

49_Gurlitt, Cornelius: Bau- und Kunstdenkmäler der Amtshauptmannschaft Döbeln, Dresden 1903, S. 184.

Literatur

Andersen, Hans Christian: Reise nach Dresden und in die Sächsische Schweiz, 1835.

Börsch-Supan, Helmut und Jähnig, Karl Wilhelm: Caspar David Friedrich. Gemälde, Druckgraphik und bildmäßige Zeichnungen, München 1973.

Brückner, Johann Jakob und Günther, Christian August: Pittoreskische Reisen durch Sachsen oder Naturschönheiten Sächsischer Gegenden auf einer gesellschaftlichen Reise gesammelt, Leipzig 1803.

Engelhard, Karl August und Veith, Johann Philipp: Malerische Wanderungen durch Sachsen, 1794/95.

Götzinger, Wilhelm Leberecht: Geschichte und Beschreibung des Chursächsischen Amts Hohnstein mit Lohmen, insbesondere der unter dieses Amt gehörigen Stadt Sebnitz, Freyberg 1786.

Götzinger, Wilhelm Lebrecht: Schandau und seine Umgebung oder Beschreibung der sogenannten Sächsischen Schweiz, Dresden 1804/1812.

Grummt, Christina: Caspar David Friedrich. Die Zeichnungen, München 2011.

Hinz, Sigrid: Caspar David Friedrich in Briefen und Bekenntnissen, Berlin 1968.

Hoch, Karl-Ludwig: Caspar David Friedrich in der Sächsischen Schweiz, Dresden 1995.

Lafleur, Ysop: Sämtliche Werke oder Meiner Herrschaft und meiner Wenigkeit romantische Reise in die sächsischen Sandsteingebirge an der Elbe, Halle 1798.

Nicolai, Carl Heinrich: Wegweiser durch die Sächsische Schweiz, Pirna 1801.

Richter, Frank: Der historische Malerweg, Dresden, 2006/2023.

Richter, Frank: Caspar David Friedrich. Spurensuche im Dresdner Umland und in der Sächsischen Schweiz, Dresden 2009/2021.

Sumowski, Werner: Caspar David Friedrich-Studien, Wiesbaden 1970.

Schiffner, Albert: Beschreibung der gesamten Sächsisch-Böhmischen Schweiz, Meißen 1835.

Zschoche, Herrmann: Caspar David Friedrich. Die Briefe, Hamburg 2006.

Editorische Notiz
Zur besseren Orientierung und Identifizierung der Arbeiten Caspar David Friedrichs werden in den Bildunterschriften Angaben zu den Nummern in den beiden maßgeblichen Werkverzeichnissen gemacht: BS/J für Börsch-Supan und Jähnig 1973 und G für Grummt 2011 (siehe das nebenstehende Literaturverzeichnis).

Abbildungsnachweis

Musée des Beaux-Arts d'Angers, S. 173.3 | Akademie der Künste, Berlin, S. 32.1, | Grisebach GmbH, Berlin, S. 174.1 | Kode ART Museum, Bergen, S. 24.2 | Staatliche Museen zu Berlin, Kupferstichkabinett S. 20, 32.3, 47.1, 62.1, 80, 81.1 u. 3, 82.1, 115.2, 156.1, 161, 163.1, 162.5, 163.1, 163.2, 163.4, 176.1, 180, 183; Dietmar Katz: S. 164; Leihgabe der Ernst von Siemens Kunststiftung, Volker-H. Schneider: 25.1 | Veste Coburg, Sammlung Böhm-Hennes S. 172.1 | Sächsische Landesbibliothek – Staats- und Universitätsbibliothek, Dresden/ Digitale Sammlungen S. S. 181.2 u. 3 | Staatliche Kunstsammlungen Dresden, Albertinum S. 63, 95.3, 139; Kupferstich-Kabinett S. 5, 24.3, 25.1, 34.3, 47.4, 59.2, 61.1, 67.2, 98, 114.1, 116.2, 117.3 u. 4, 118, 128, 133.2, 138.1, 142.1, 155.2, 160.1, 169.1, 169.2, 172.3, 175, 186.1 | Städtische Galerie Dresden – Kunstsammlung, Museen der Stadt Dresden S. 158, S. 159.1, S. 159.2, S. 159.3 | Kunstpalast Düsseldorf S. 150 | MUSEUM FOLKWANG, ESSEN – ARTOTHEK S. 27.1, 34.1, 113 | Städel Museum, Frankfurt am Main S. 153.1, S. 184.2 | Städtische Kunstsammlungen Freital auf Schloss Burgk S. 153.2 | Greifswald, Pommersches Landesmuseum S. 183.1 | Hamburger Kunsthalle S. 60.1, 64.1, 78.1 u. 2, 83.1, 84.3, 94, 95.1, 130, 132.2, 152.1, 155.1, 166, 173.1, 174.2, 181, 182 | Stiftung Kunst und Natur, Dietrich und Ursula Hasse im Nationalpark Sächsische Schweiz (Stiftung Hasse) S. 13, 15, 16.3, 22.3, 48.2, 50.1 u. 2, 51.1, 55.1, 92.1 u. 2, 95.2, 121.1, 141.1, 142.3, 143 | Staatliche Kunsthalle Karlsruhe S. 86, 88.1 | Tate Galerie, London S. 51.2 | Getty Museum, Los Angeles S. 19.2 | die Lübecker Museen, St. Annen-Museum S. 58 | Kunsthalle Mannheim S. 22.1 u. 2, 28.1, 33, 171.1, 176.3, 178.1, 179.1 | Staatliche Graphische Sammlung München S. 18 | Bayerische Staatsgemäldesammlungen – Neue Pinakothek München S. 82, 136.4 | Germanisches Nationalmuseum, Nürnberg S. 56 | The National Museum Oslo S. 27.2, 31.3, 36, 44.1, 45.1, 77.1, 102, 103.1 u. 2, 116.1, 117. 1, 120, 122, 124.1, 126, 127.1, 133.1, 134.1, 134.2, 135.1, 136.2, 137.2, 144, 156.2 | Thüringer Landesmuseum Heidecksburg, Rudolstadt S. 62.3 | Staatliche Eremitage, St. Petersburg S. 69.1 u. 3 (Detail), 136.1 | Museum Georg Schäfer, Schweinfurt S. 46 | STRALSUND MUSEUM S. 26 | Staatsgalerie Stuttgart S. 62.2 | Klassik Stiftung Weimar, Museen S. 24.1, 30 | ALBERTINA, Wien S. 17, 89, 117.2 | Kunsthistorisches Museum, Wien S. 68, 132.1 | Privatbesitz S. 37.1, 38.2, 39.2, 84.1, 99.1, 151, 152.2, 168, 170.1, 171.2, 184.1; Frank Richter: S. 140 | Repro nach Grummt 2011 S. 47.2, S. 47.3, 52, 54.1, 79.1, 90.1, 96.1 u. 2, 125, 127.2, 132.3, 142.1, 154.1, 177.1, 178.4, S. 184.1, S. 186.2 | Repro nach Börsch-Supan/ Jähnig 1973 S. 137.1, 186.2 | Alle Fotos (außer S. 114.1 Foto: unbekannt, Archiv Richter): Frank Richter

Karten: Amtliche Wanderkarte der Sächsisch-Böhmischen Schweiz, Bearbeitung der Meinhold-Karte vom Reichsamt für Landesaufnahmen, Zweigstelle Sachsen, 1926 (bearbeitet von Frank Richter)

Trotz intensiver Recherche konnten nicht in allen Fällen die Inhaber:innen der Bildrechte ermittelt werden. Sollten im Einzelfall Urheberrechte nicht beachtet worden sein, bitten die Herausgeber:innen um Benachrichtigung.

Impressum

Frank Richter: Wandern mit Caspar David Friedrich. Sächsische Schweiz, Tharandt & Kriebstein.

Herausgegeben von den Staatlichen Kunstsammlungen Dresden, Holger Birkholz, Petra Kuhlmann-Hodick

Diese Publikation erscheint anlässlich der Ausstellung

Caspar David Friedrich. Wo alles begann

Staatliche Kunstsammlungen Dresden

Kupferstich-Kabinett
24. August 2024
– 17. November 2024

Albertinum
24. August 2024
– 5. Januar 2025

Staatliche Kunstsammlungen
PSF 120 551, 01006 Dresden
Telefon: 0351-4914 2000
besucherservice@skd.museum
www.skd.museum

Redaktion
Holger Birkholz, Petra Kuhlmann-Hodick, Katja Paul
in Zusammenarbeit mit Luisa Müller, Toni Stroff, Liliane Wiblishauser

Bildredaktion
Anika Lautenschläger, Angela Rietschel

Verlag
Sandstein Verlag, Goetheallee 6,
01309 Dresden
www.sandstein-verlag.de

Verlagsleitung Christine Jäger-Ulbricht __**Projektleitung** Katrin Hoyer__**Gestaltung** Nele Wippermann__**Satz und Reprografie** Katharina Stark, Jana Neumann__**Druck und Verarbeitung** Westermann Druck Zwickau GmbH **Schrift** Trade Gothic__**Papier** 120 g/m² Magno Natural

Cover
Caspar David Friedrich__**Felsentor im Uttewalder Grund** um 1801 (Ausschnitt), G 232, Essen, Museum Folkwang, Foto: Jens Nobar.

Gesamtabbildung siehe S. 34.

Die Deutsche Nationalbibliothek verzeichnet diese Publikation in der Deutschen Nationalsind im Internet über https://dnd.ddb.de abrufbar.

ISBN 978-3-95498-826-6

Staatliche Kunstsammlungen Dresden

Mit freundlicher Unterstützung

Hauptsponsor

Finanzgruppe

Ostsächsische Sparkasse Dresden
Sparkassen-Kulturfonds des Deutschen Sparkassen- und Giroverbandes
Ostdeutscher Sparkassenverband mit allen sächsischen Sparkassen
LBS Landesbausparkasse NordOst AG und Landesbank Baden-Württemberg
Sparkassen-Versicherung Sachsen
DekaBank Deutsche Girozentrale

Caspar David Friedrich
Wo alles begann
Kupferstich-Kabinett
24.8. – 17.11.2024
Albertinum
24.8.2024 – 5.1.2025